연필과 종이로 풀어보는
AI 딥러닝 수학 워크북
214제

톰 예(Tom Yeh) 저

연필과 종이로 풀어보는
AI 딥러닝 수학 워크북 214제

2025년 11월 20일 초판 인쇄
2025년 12월 01일 초판 발행

펴낸이 | 김정철
펴낸곳 | 아티오
지은이 | 톰 예
기획진행 | 김미영
마케팅 | 강원경
편 집 | 이효정
인 쇄 | 조은피앤피
전 화 | 031-983-4092~3
팩 스 | 031-696-5780
등 록 | 2013년 2월 22일
정 가 | 19,000원
주 소 | 경기도 고양시 일산동구 호수로 336 (브라운스톤, 백석동)
홈페이지 | http://www.atio.co.kr

* 아티오는 Art Studio의 줄임말로 혼을 깃들인 예술적인 감각으로 도서를 만들어 독자에게 최상의 지식을 전달해 드리고자 하는 마음을 담고 있습니다.

* 잘못된 책은 구입처에서 교환하여 드립니다.
* 이 책의 저작권은 저자에게, 출판권은 아티오에 있으므로 허락없이 복사하거나 다른 매체에 옮겨 실을 수 없습니다.

서 문

최근 비약적인 AI의 발전에 힘입어, 컴퓨터 사이언스는 기존 대학 전공의 역할을 넘어 초등교육, 진로, 커리어뿐 아니라 일상생활 전반에 깊숙이 스며들고 있다. 우리는 이미 AI로 만들어진 광고와 뮤직비디오에 익숙하며, 하루가 멀다 하고 딥페이크(Deepfake) 사건 사고 등 AI와 관련한 새로운 뉴스를 접한다. 2024년 교육부와 한국직업능력연구원이 실시한 학생 희망 직업 조사 결과, 고등학생들이 선호하는 직업으로 컴퓨터공학자/소프트웨어 개발자가 상위 6위에 오른 사실은, 오랜 시간 교사나 의사, 법조인 등 일부 직업군에 집중되었던 국내 진로 인식 흐름이 변화하고 있음을 보여주는 지표다. 미국 내에서 대학에서 컴퓨터 사이언스를 전공하려는 고등학생은 매년 꾸준히 증가하고 있으며, 전체 공과대학 지원자의 절반 이상을 차지한 지는 오래되었다. 이를 반영하듯 미국 전역에서도 많은 주요 대학에서 School of AI/Computing의 규모는 신규 교수 임용 및 등록 학생 수 기준으로, 매해 기하급수적으로 확대되고 있다.

"연필과 종이로 풀어보는 AI 딥러닝 수학 워크북 214제"는 컴퓨터 사이언스의 비약적인 발전을 이끈 인공지능의 핵심 원리를 손으로 직접 계산하고 시각적으로 이해할 수 있도록 구성된, 보기 드문 학습 자료다. 학습 자료라기보다 와이파이조차 연결되지 않는 비행기에서나 휴가지에서 스도

서 문

쿡, 낱말 퍼즐을 풀듯이 술술 손으로 풀어나갈 수 있는 퍼즐북에 가깝다. 특히 수식과 이론 위주로 흐르기 쉬운 AI 교육에서, 이 책은 연필과 종이만으로도 신경망의 작동 원리와 학습 과정을 아주 쉬운 단계에서부터 복잡한 과정까지 혼자서 따라갈 수 있도록 돕는다.

이 워크북은 딥러닝 모델의 기본 구성 요소—활성화 함수, 역전파, 학습률, 손실 함수 등—을 하나하나 계산해 보며 AI의 작동 메커니즘을 직접 몸에 익히게 한다. 단순히 답을 맞히는 데 그치지 않고, 각 수식의 의미와 계산의 흐름을 따라가며 직관적으로 이해하게 하는 데 초점을 둔 구성이 인상 깊다. 특히 자동 미분 없이 손으로 Gradient를 구해보는 과정은, 추상적으로만 느껴지는 역전파(Backpropagation)를 실제로 느끼게 해준다.

이 책은 대학 학부 수준의 기초 AI 수업이나 비전공자를 위한 기술 교육에 활용하기 좋고, 실제로 AI 연구자나 개발자를 꿈꾸는 학생들에게는 이론적 바탕을 탄탄히 다질 기회를 제공해 줄 것이다. MIT에서 박사학위를 취득한 후 콜로라도 대학교**에서 교수로 재직 중인 저자는, 이 책을 기반으로 이미 컴퓨터공학 전공 학생들을 위한 학부 수업을 진행해 왔다. 영어로 출시된 후 수학 교육의 중심지라 일컫는데 이의가 없을 인도에서도 아마존 수학 분야 베스트셀러에 오르는 등 이미 영미권에서의 호응을 톡톡히 보여주었다.

서문

PyTorch나 TensorFlow등의 기존 프레임워크를 사용해 이미 프로젝트를 수행해 본 실무자에겐 이 책의 내용이 다소 기초적으로 느껴질 수 있다. 그러나 원리를 다시 짚고 넘어가기에는 더없이 유익한, 기본 중의 기본이 될 것이다. 직접 계산해 보며 Forward Pass, Gradient Descent, Transformer의 동작을 따라가다 보면, 모델이 특정한 방식으로 작동하는 이유를 추론할 수 있는 해석 능력이 길러질 것이다. 이는 단순히 loss가 줄지 않거나 디버깅 및 튜닝이 필요할 때 감에 의존하는 코드 수정이 아니라 이론에 의한 분석을 할 수 있게 해 줄 것이다. 또한, 실무에 쓰이는 고수준의 API를 활용하여 프로젝트를 진행하는 데에도 핵심 아이디어를 빠르게 파악하여 효율적으로 프로그램을 설계하거나 실험을 구성하는 능력 또한 길러줄 것으로 생각한다. 나아가 모델 설계부터 학습 전략, 오버/언더 피팅 등의 판단에서도 "왜 이런 구성이 더 나은 결과를 주었는지"에 대해 프로젝트 팀원들과도 논리적으로 토론하고 설득할 수 있는 역량을 갖추어, 말단 개발자에서 팀을 리드하는 역할로 한 단계 도약하게 해 줄 것이다.

우리는 디지털 시대를 살아가며 꽤 오랫동안 직접 쓰고, 읽고, 몸으로 익히는 진짜 의미의 딥 러닝(Deep Learning), 깊이 있는 학습의 힘을 잊고 지낸 것 같다. 젓가락이 작동하는 원리를 이해하려면 물리학과 재료공학 지

서문

식이 필요하고, 자동차라는 큰 기계가 움직이는 원리를 설명하려면 기계공학을 배워야 하겠지만, 우리는 이미 몸으로, 먼저 젓가락으로 나물 반찬을 짚고, 운전대를 돌려 차를 움직이는 경험을 몸으로 내재화하지 않았던가? 이 책은 그러한 눈과 손과 몸의 조화, 즉 Muscle Memory를 되살려 준다. '깊이 있는 단순함'을 구현한 이 워크북은 직접 손으로 따라가며 배우는 접근이 인공지능이라는 첨단 분야에서도 여전히 강력하게 작동할 수 있음을 보여준다.

미국 텍사스 A&M대학교 컴퓨터공학과 **김지은 교수**

미국 텍사스 A&M 대학교 컴퓨터공학과 교수로 재직 중이며, 인간-컴퓨터 상호작용(HCI)과 개인화된 디지털 제작(Personal Fabrication)을 기반으로 공학, 디자인, 심리학 등 다양한 분야와 협업하며 Physical AI 기반의 사용자 중심 스마트 시스템을 연구하고 있다.

Stanford 선정 EECS Rising Stars에 선발되었고, Adobe Research Fellowship 수상자이자 미국 국립과학재단(NSF)의 최고 영예인 CAREER Award 및 Ralph E. Powe Junior Faculty Award 등 다수의 연구 및 교육상을 수상했다. ACM CHI, UIST, CSCW 등 HCI 분야 최상위 국제 학회에 40편 이상의 논문을 발표했으며, 2025년 ACM UIST 학회에서는 총괄 의장(General Chair)을 맡는 등 국제 HCI 커뮤니티에서도 활발히 활동 중이다.

추천사

서울대학교 교수로서, 톰 예(Tom Yeh) 교수의 《연필과 종이로 풀어보는 AI 딥러닝 수학 워크북 214제》 한국어판을 기쁘게 추천합니다. 이 책은 공식을 나열하고 연습문제를 던져주는 데 그치지 않습니다. 복잡한 개념을 퍼즐 풀듯이 문제-해결의 퍼즐 구조로 재구성하여 자기 스스로 손으로 계산하고 이해의 층위를 쌓아 올리도록 설계되어 있습니다.

한국의 장인정신이 추구하는 인내와 정밀함처럼, 이 워크북은 미분·선형대수·확률과 같은 딥러닝의 핵심 수학을 손끝의 사고(Hands-On Reasoning)로 체화화합니다. 서예(書藝)에서 한 획 한 획이 모여 글씨의 기품을 이루듯, 이 책의 단계별 안내는 작은 계산과 직관을 모아 작동 원리를 통째로 이해하게 만듭니다. 한지 접기처럼 단순한 접기부터 정교한 형태까지 나아가듯, 독자는 기초 연산에서 시작해 최적화·역전파·모델 일반화로 자연스럽게 확장해 갈 것입니다.

딥러닝을 "사용"에서 "이해"로 옮기고자 하는 학부·대학원생, 현업 엔지니어, 그리고 수업을 설계하는 교육자들에게 이 책은 가장 믿을 만한 길잡이가 될 것입니다. 계산을 통해 직관을 단단히 만들고, 직관으로 계산의 의미를 되짚는 이 선순환이야말로, 우리가 학생들에게 길러주고자 하는 진짜 역량입니다.

추천사

저는 《연필과 종이로 풀어보는 AI 딥러닝 수학 워크북 214제》 한국어판이 우리 학습자들에게 정확하고 깊이 있는 이해를 선물하고, 한국의 AI 교육 현장에 건강한 기준을 세울 것이라 확신합니다. 자신 있게 적극 추천합니다.

서울대학교 조선해양공학과 딥러닝연구실 교수 **김태완**

추천사

AI 기술이 세상을 바꾼다는 이야기는 이제 익숙하다. 하지만 그 복잡한 기술의 원리를 파고들다 보면, 수많은 수식과 전문 용어의 벽 앞에서 좌절감을 느끼는 경우가 많을 것이다. 그러던 어느 날, X(과거 트위터)에서 우연히 톰 예(Tom Yeh) 교수의 포스팅을 보게 되었다. 복잡한 AI 모델의 핵심 원리를 어쩜 이리도 명쾌하고 아름다운 애니메이션으로 설명할 수 있을까? GIF 이미지 하나에 담긴 깊은 통찰력과 직관적인 설명에 나는 그 자리에서 바로 '팬'이 되고 말았다.

단순히 지식을 나열하는 것이 아니라, 개념의 본질을 꿰뚫어 가장 이해하기 쉬운 형태로 재구성하는 것은 매우 어려운 능력이다. 이 놀라운 접근법을 한국의 많은 AI 학습자들에게도 꼭 소개하고 싶다는 열망을 가졌었는데, 마침 그가 한국에 방문할 기회가 생겼고, 내가 CVO로 활동하는 '모두의 연구소'에 자신 있게 그를 소개했다. 톰 예(Tom Yeh) 교수를 초빙하여 진행한 '모두팝' 행사는 무척 성공적이었다. 행사에 참여했던 많은 이들이 "어렵게만 느껴졌던 딥러닝의 원리가 머릿속에 그림처럼 그려진다"며 감탄했다. 복잡한 개념을 이토록 쉽고 재미있게 풀어내는 그의 강연은 AI를 공부하는 우리 모두에게 신선한 충격과 영감을 주었고, 지식의 장벽을 허무는 즐거움을 선사했을 것이다.

나는 실리콘밸리에 근거지를 둔 Asia2G Capital의 창립 파트너로서 딥테

추천사

크 스타트업에 투자하는 일을 주로 한다. 뛰어난 기술과 비전을 가진 창업가를 발굴하고 지원하는 것이 나의 역할이다. 톰 예(Tom Yeh) 교수와 교류하며 그가 가진 교육에 대한 열정과 깊이에 또 한 번 감명받았다. 그는 대만 출신인데, 언젠가 대만에도 뛰어난 창업가들이 나타나면 기꺼이 돕고 싶다는 이야기를 나누기도 했다. 이는 단순히 지식을 전달하는 학자를 넘어, 다음 세대의 혁신가들을 키워내고자 하는 그의 따뜻한 비전을 보여주는 대목이었다.

이 책은 바로 그 감동과 통찰을 고스란히 담고 있다. 페이지를 넘길 때마다 마치 그의 옆에서 직접 설명을 듣는 것처럼, 어려운 개념들이 하나씩 명쾌하게 정리될 것이다. 복잡한 수식에 지쳐 AI에 대한 흥미를 잃어가던 이들, 이제 막 AI의 세계에 발을 들이려는 이들, 그리고 더 깊은 수준의 직관을 얻고 싶은 전문가들 모두에게 이 책은 최고의 안내서가 될 것이라 확신한다. Tom 교수와의 소중한 인연을 통해 내가 느꼈던 지적 유희와 감동을 이제 한국의 독자들도 함께 느끼게 되기를 진심으로 바란다. 이 책을 통해 더 많은 이들이 AI라는 강력한 도구를 더 깊이 이해하고, 세상을 바라보는 새로운 눈을 뜨게 되기를 바란다.

Asia2G 캐피탈 창립파트너, 모두의연구소 CVO, DGIST
전기전자컴퓨터공학과 겸직교수 **정지훈**

추천사

지난 15년 동안 Tom Yeh 교수님은 저에게 많은 영감을 주었습니다. 사실 제가 박사과정을 결심하게 된 결정적인 계기 중 하나는 Tom Yeh 교수님의 2009년 논문 "Sikuli: Using Screenshots to Program by Demonstration" 이었습니다. 스크린샷만으로 컴퓨터 작업을 자동화한다는 그 파격적인 아이디어는 당시 저에게 큰 충격이었습니다. 복잡한 컴퓨터 정보 검색과 자동화 작업을 누구나 스크린샷을 찍어 직관적으로 할 수 있게 만든다는 그 비전은, 제가 '이런 연구를 하고 싶다'고 생각하게 만든 출발점이었습니다. 결국 저는 이 연구가 탄생한 MIT의 그 연구실로 진학하여 박사과정을 시작하게 되었습니다.

Tom Yeh 교수님은 제게 개인적으로 연구와 학문적 조언을 아끼지 않은 따뜻한 선배이자, 기술과 사람을 연결하는 연구자로서 언제나 '사람을 위한 AI'의 가능성을 탐구해 오신 분입니다. 교수님은 늘 '누구나 어려운 것을 이해할 수 있게 만드는 방법'을 탐구해 오셨습니다. 복잡한 AI 개념을 누구나 직접 손으로 조작하며 깨달을 수 있게 하는 교육 프로젝트 "AI by Hand"는 그 철학의 연장선입니다. 이번에 출간되는 『연필과 종이로 풀어보는 AI 딥러닝 수학 워크북 214제』는 그 여정의 정수를 담은 책이라 할 수 있습니다. 이 책은 굉장히 파격적이고 독창적인 구조를 가지고 있습니

추천사

다. 완전한 문장 하나 없이, 숫자와 다이어그램만으로 개념을 쌓아 올리는 이 책은 독자가 이론을 '읽는' 대신 직접 '체험하게' 합니다. 딥러닝의 복잡한 수학 개념이 머릿속 지식이 아니라 '내 손의 이해'로 바뀌는 순간을 경험하게 됩니다.

작년 KAIST를 방문한 교수님이 직접 "손으로" 강연해 주셨을 때, 학생들은 AI 개념이 숫자와 도식만으로도 이해될 수 있다는 사실에 놀라워했습니다. 저 역시 교육을 위한 기술을 만드는 연구자로서 교수님의 통찰과 열정에서 큰 영감을 받았습니다. 기술을 넘어 사람을 키우는 교수님의 철학은 언제나 제게 귀감이 되었습니다.

이번 한글판의 출간으로, 한국의 많은 학생과 연구자가 딥러닝 수학을 손으로 익히는 새로운 길을 만나게 될 것입니다. 저는 이 책이 교육 현장과 연구실에서 폭넓게 활용되어, AI 시대를 이끌 다음 세대의 사람들에게 든든한 길잡이가 되리라 확신합니다.

KAIST 전산학부 부교수 **김주호**

차 례

서문 ·· 3

추천사 ·· 7

1. Dot Product(내적) ··· 15

2. Matrix Multiplication(행렬 곱) ··· 21

3. Linear Layer(선형 계층 또는 선형 변환층) ······················· 27

4. Activation(활성화 함수) ·· 37

5. Artificial Neuron(인공 뉴런) ··· 45

6. Batch(배치) ··· 55

7. Connection(연결) ·· 63

8. Hidden(은닉) ··· 75

9. Deep(깊이, 은닉층이 많은 신경망) ······································ 83

10. Wide(너비, 뉴런 수가 많은 층) ··· 93

11. Softmax(소프트맥스 함수 또는 확률 분포화 함수) ·········· 105

12. Gradient(기울기) ··· 113

Deep Learning
Math Workbook

Chapter 01
Dot Product
(내적)

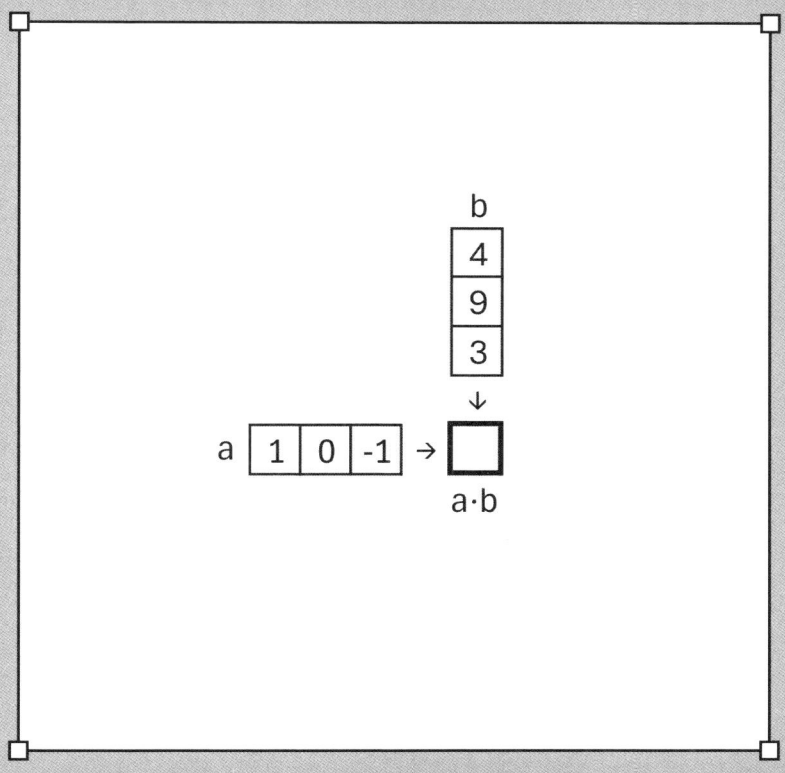

두 벡터의 방향과 크기를 곱하여 하나의 값으로 나타내는 가장 기본적인 연산이다.

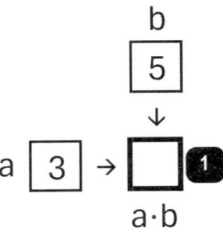
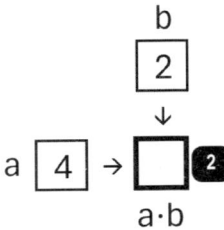

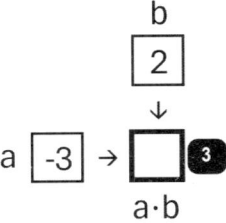

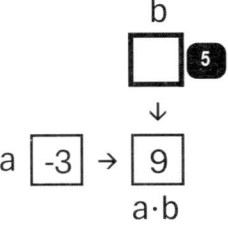

❶	❷	❸	❹	❺	❻
15	8	-6	3	-3	3

16 · Dot Product

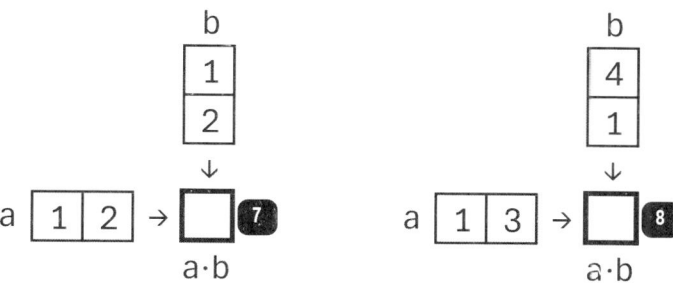

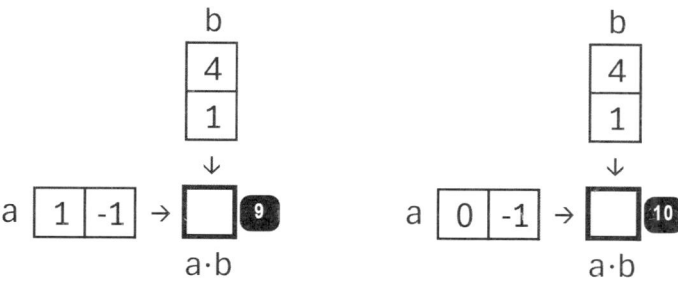

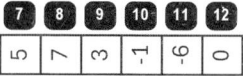

Dot Product · 17

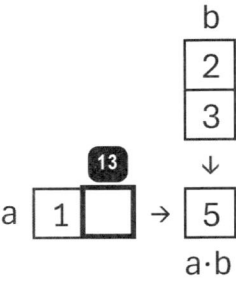
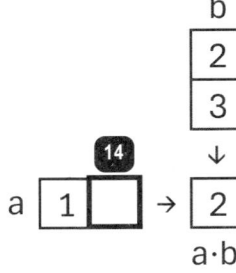
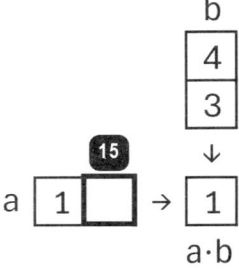
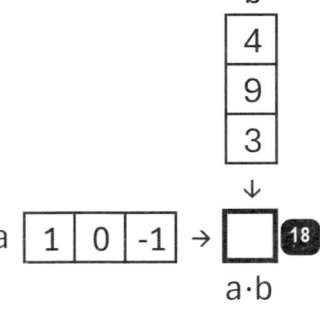

18 · Dot Product

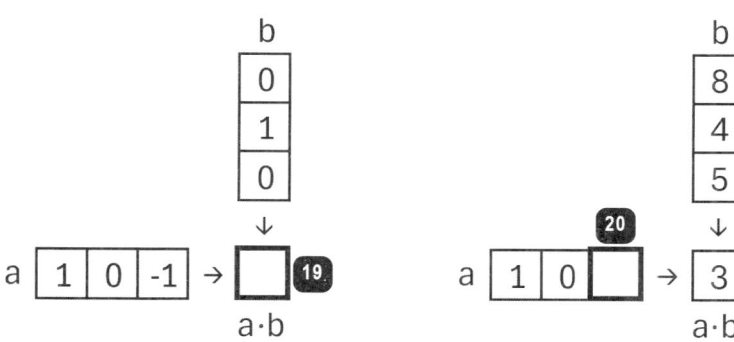
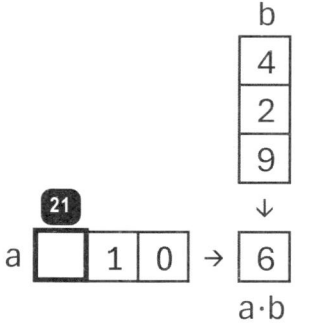
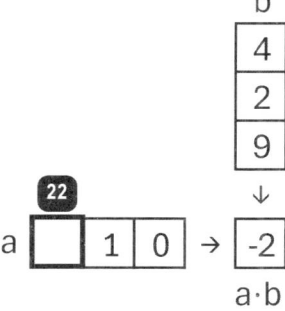
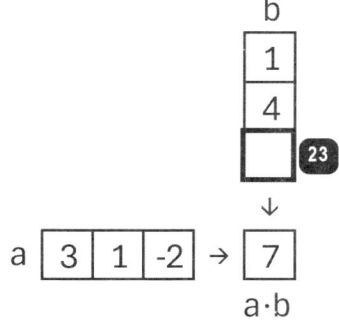
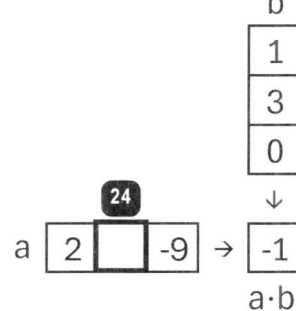

Dot Product · 19

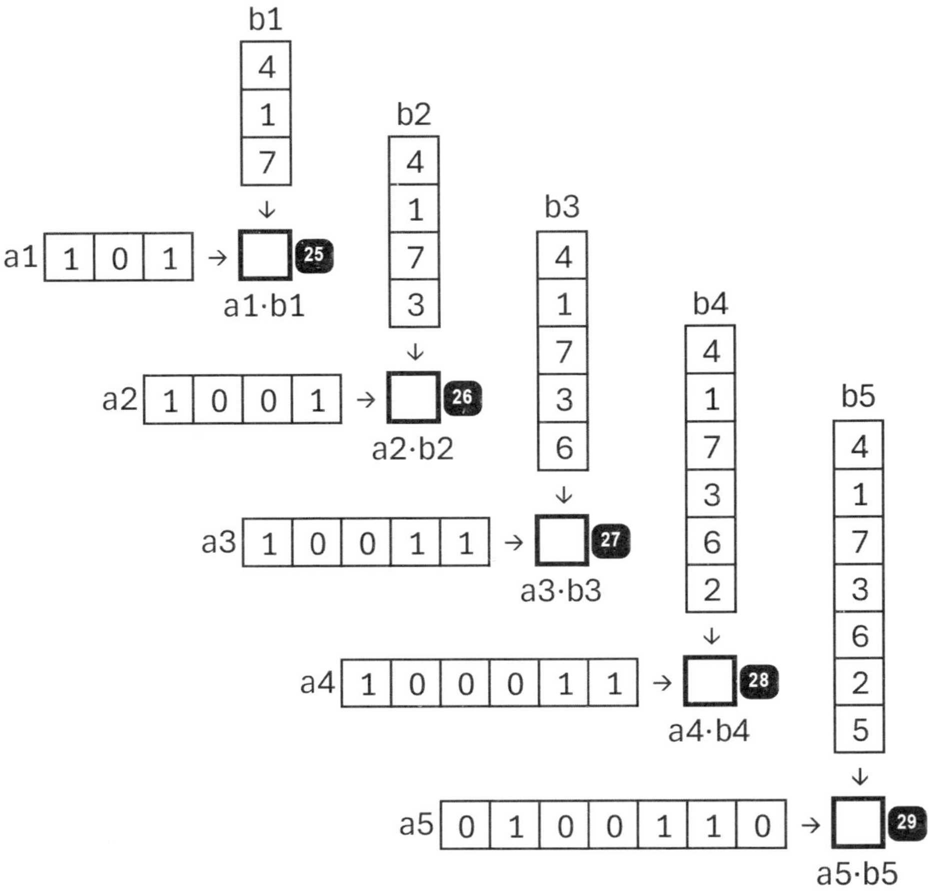

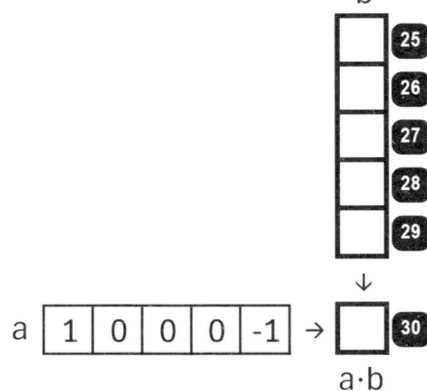

Dot Product

Chapter 02
Matrix Multiplication (행렬 곱)

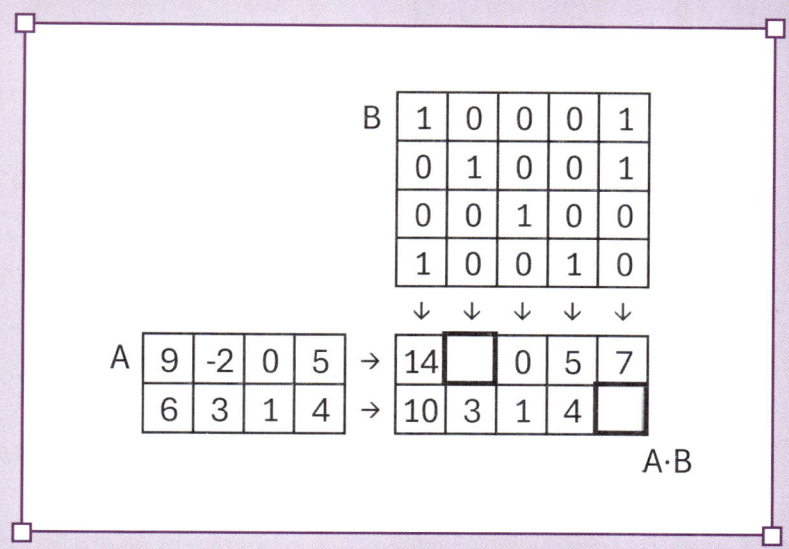

두 행렬 A(크기 m×n)와 B(크기 n×p)의 곱 C=AB는 크기가 m×p인 행렬이다. 각 원소 c_{ij}는 A의 i번째 행과 B의 j번째 열의 내적으로 계산된다. 딥러닝을 이해할 때 행렬 곱셈이 중요한 이유는 대부분의 AI모델이 선형대수(Linear Algebra) 위에 구축되어 있는데, 딥러닝 모델이 기본적으로 입력 벡터(데이터)에 가중치(Weight) 행렬을 곱해 출력을 만들어서 행렬곱이 신경망 계산을 수행하는 방식이기 때문이다. 행렬 곱셈을 쓰면 벡터 여러 개를 한 번에 처리할 수 있어 다수의 결과를 얻을 수 있고, 이것이 GPU에서 병렬 연산이 가능한 이유 중 하나이다. 모델을 학습할 때 오차를 역으로 전파(Backpropagarion)하며 가중치를 업데이트 하는데, 이 과정에서도 미분과 행렬 곱셈이 반복적으로 등장하며, 행렬 곱셈은 단순한 계산이 아니라 데이터를 다른 공간으로 선형 변환하는 역할도 수행한다.

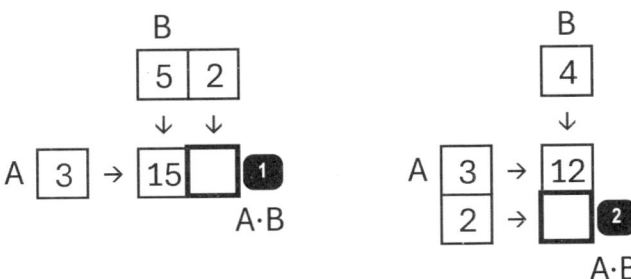
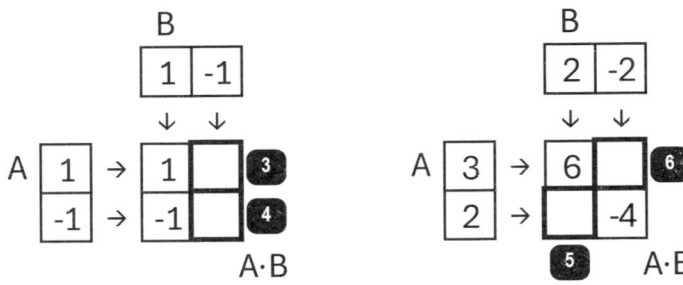
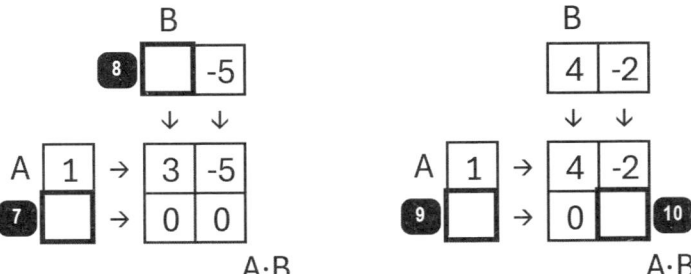

22 · Matrix Multiplication

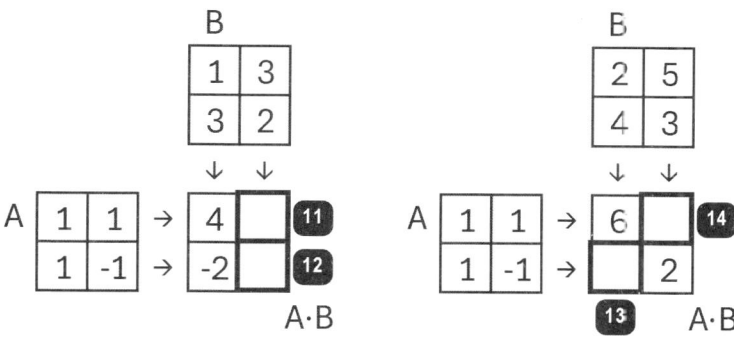
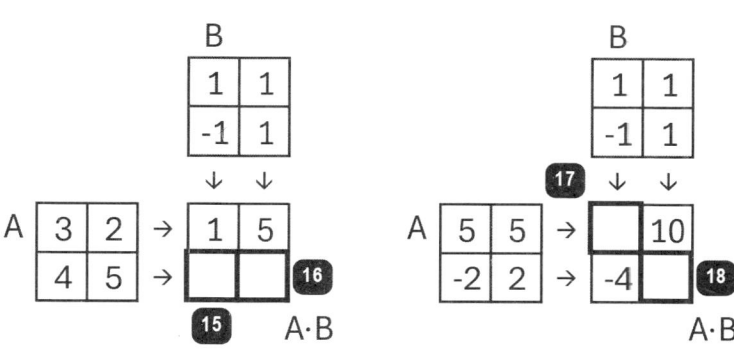
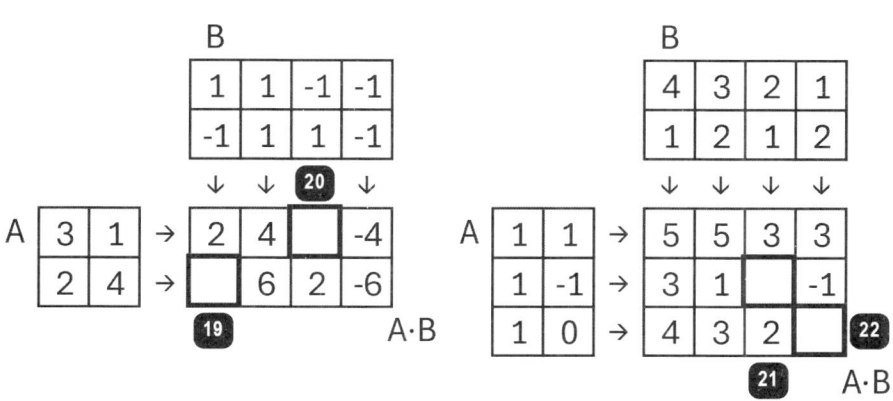

Matrix Multiplication

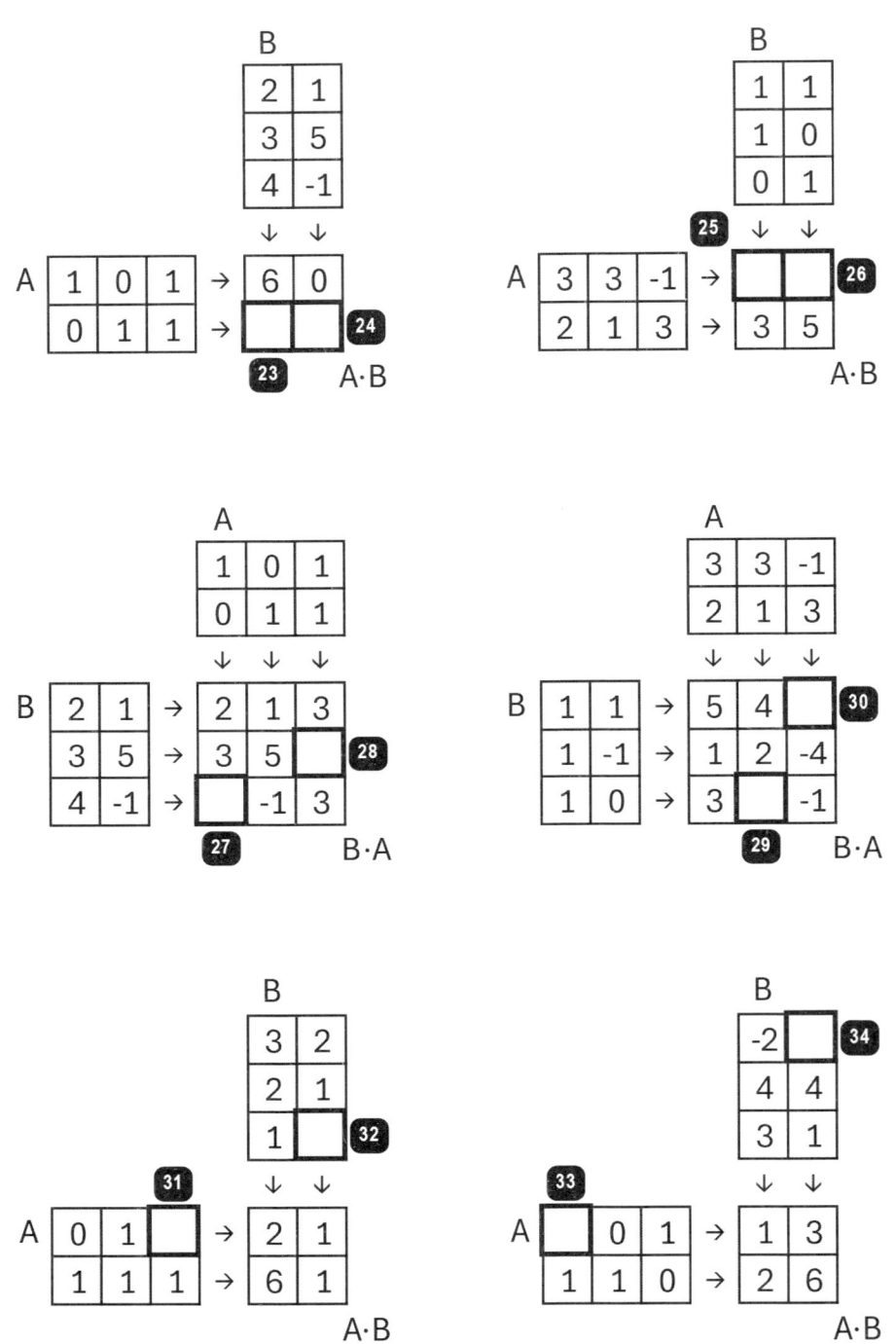

24 · Matrix Multiplication

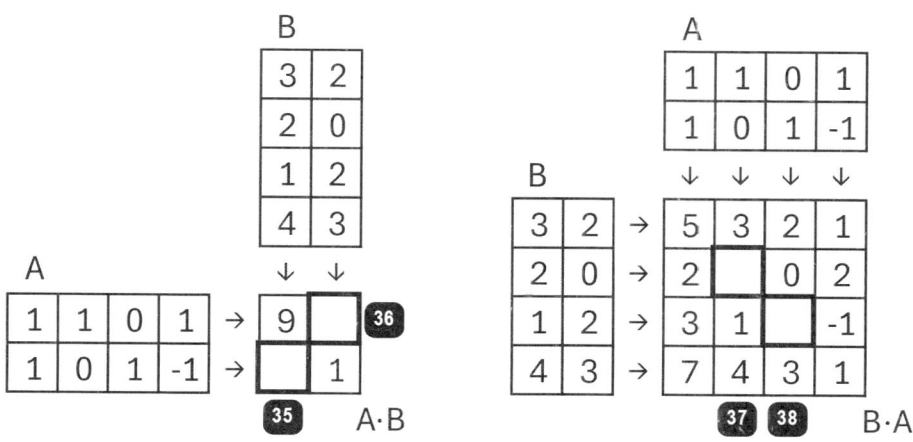
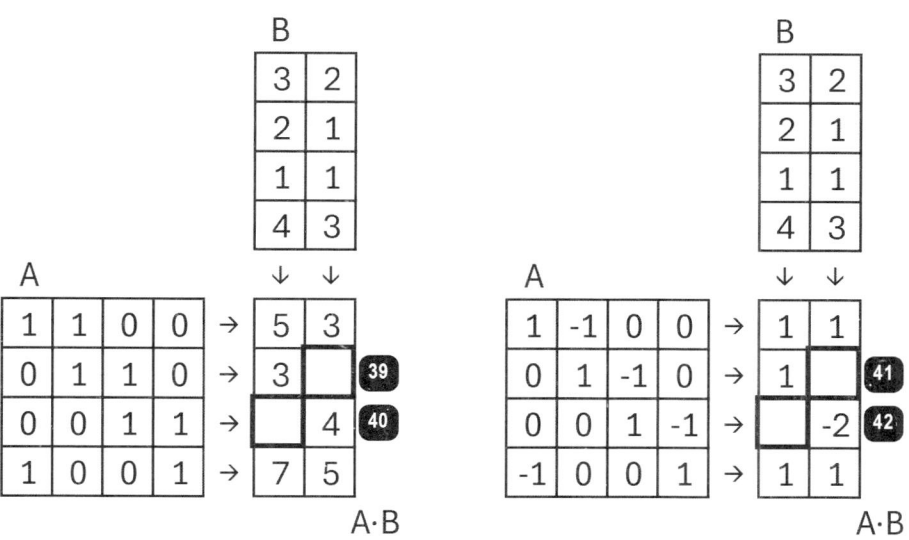

Matrix Multiplication · 25

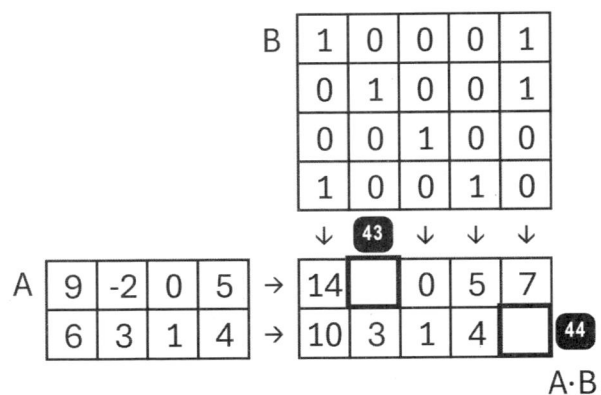

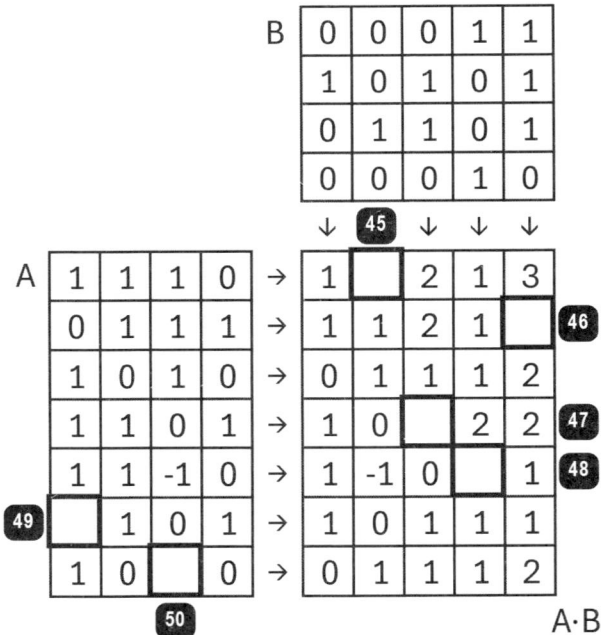

43	44	45	46	47	48	49	50
-2	9	1	2	1	1	0	1

26 · Matrix Multiplication

Chapter 03
Linear Layer
(선형 계층 또는 선형 변환층)

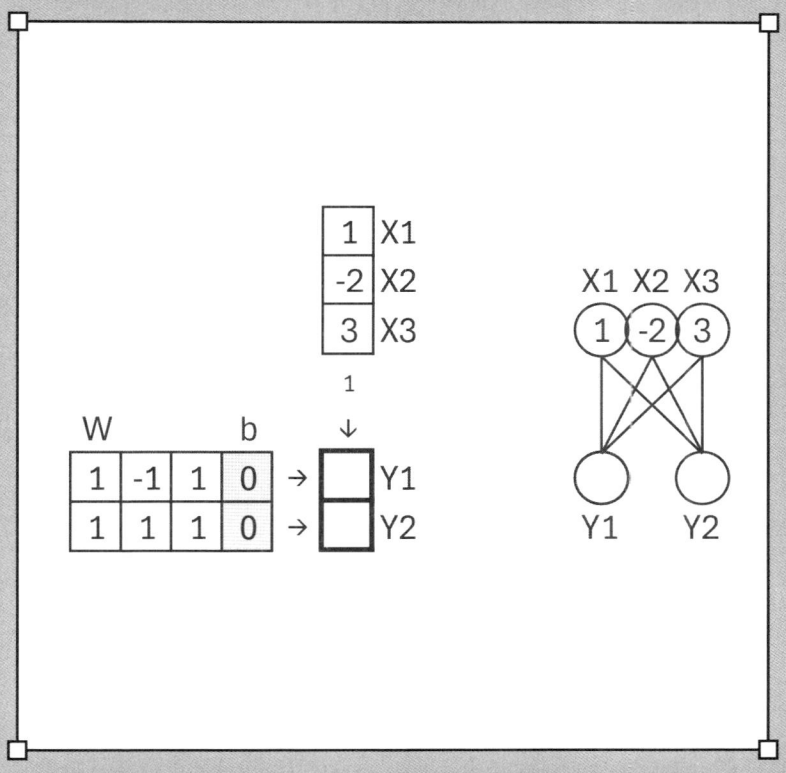

신경망에서 모든 입력 노드가 모든 출력 노드와 연결되는 계층으로 Linear layer 의 연산은 y=Wx+b로 표현되는데, x는 입력 벡터, W는 가중치 행렬, b는 바이어 스 벡터, y는 출력을 의미한다. 즉, 선형 계층은 입력에 선형 변환을 적용하는 층 이며, AI모델의 거의 모든 기본 블록이 되어 상황에 따라 선형 변환 층 또는 완전 연결층이라고도 한다.

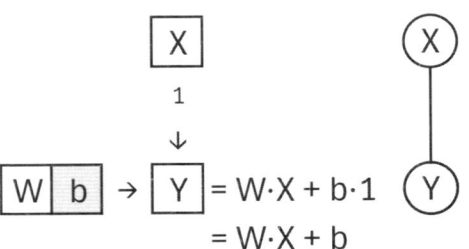

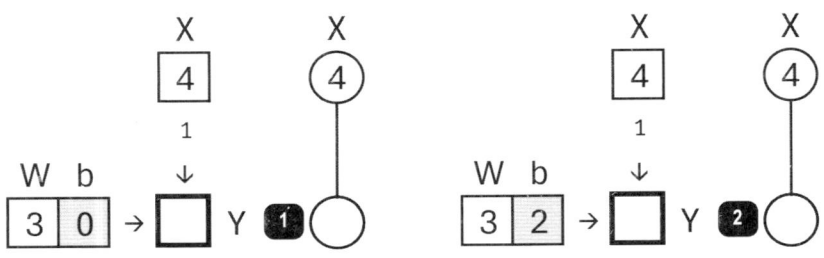

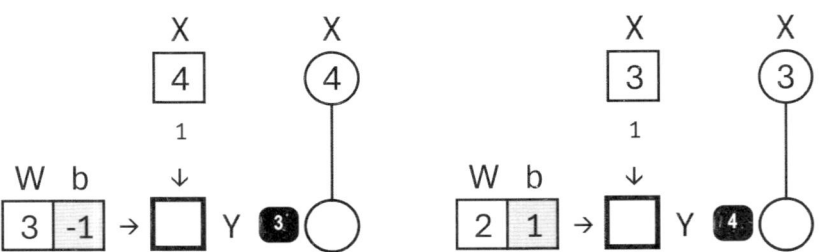

28 · Linear Layer

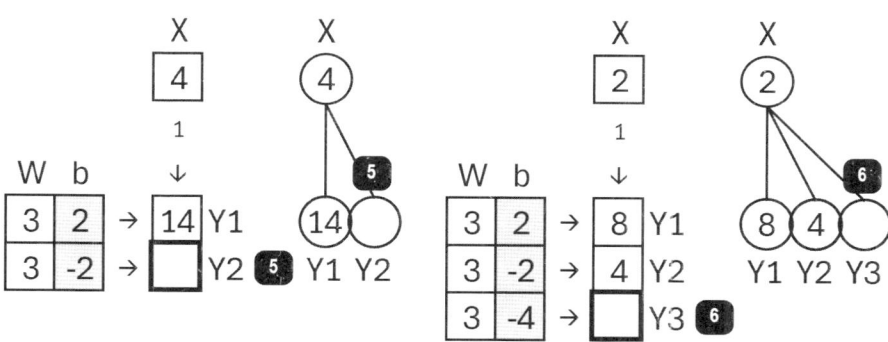

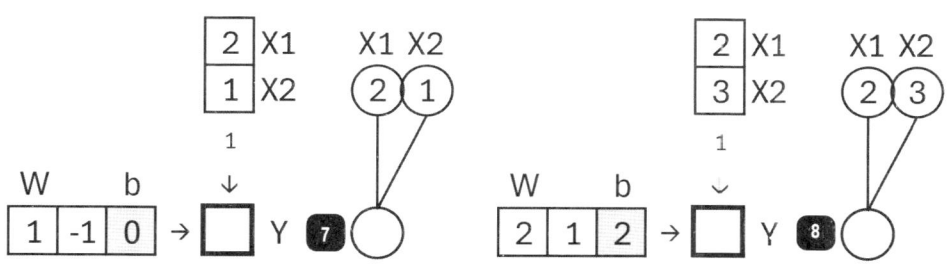

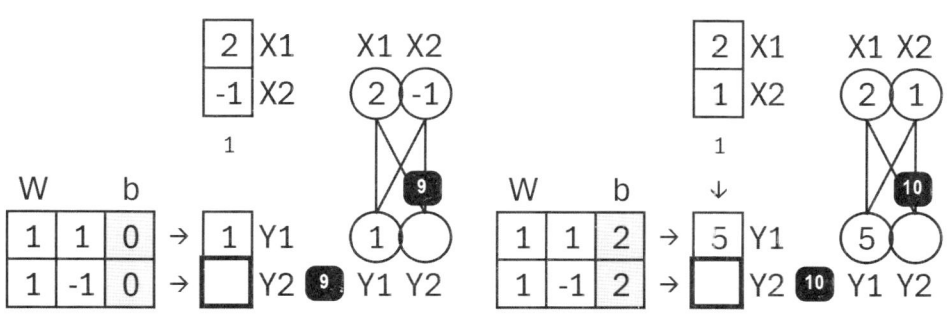

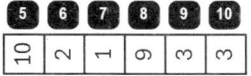

Linear Layer · 29

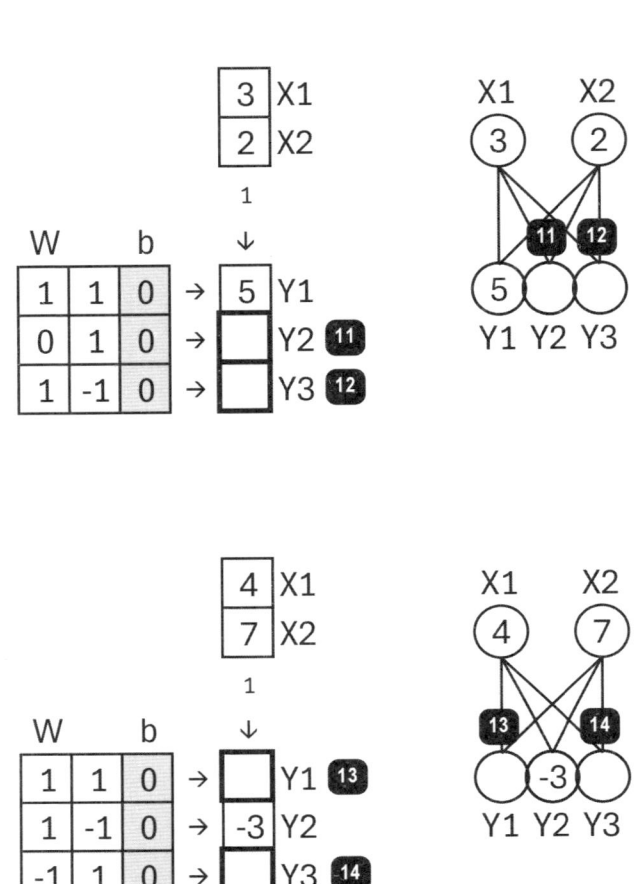

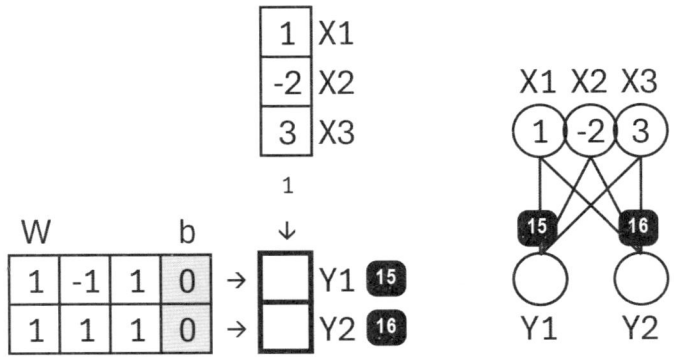

30 · Linear Layer

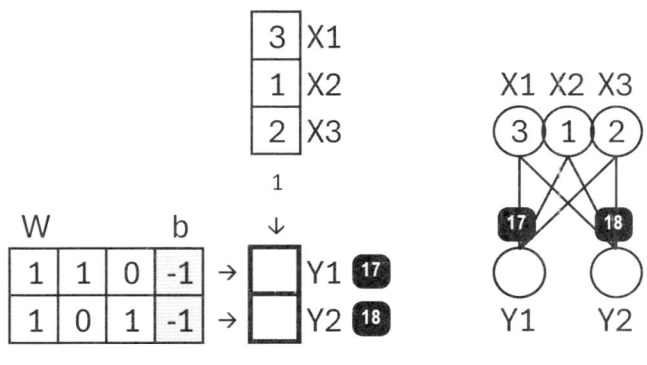

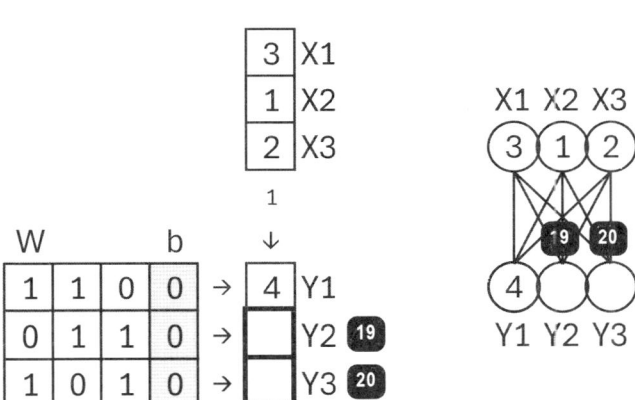

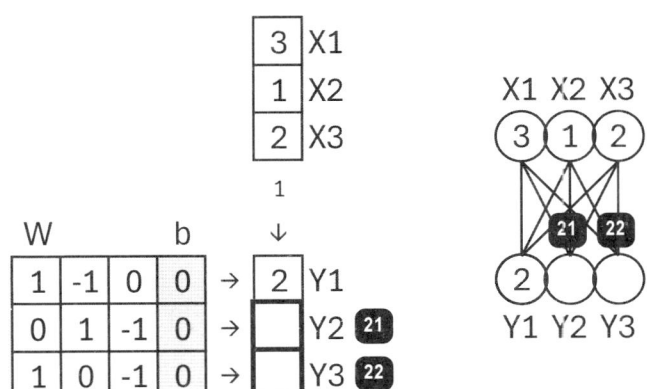

Linear Layer · 31

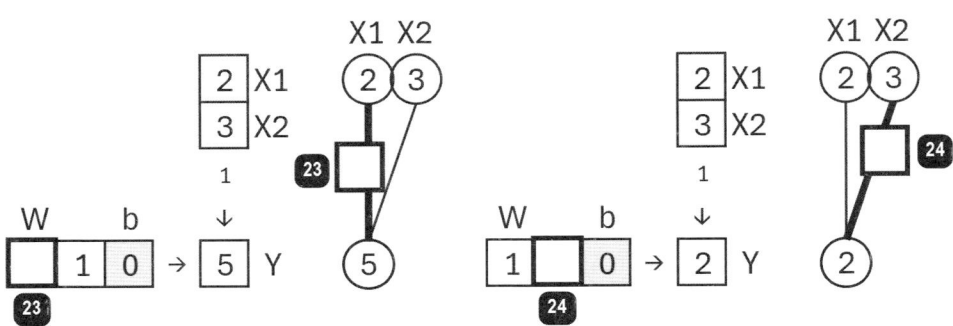
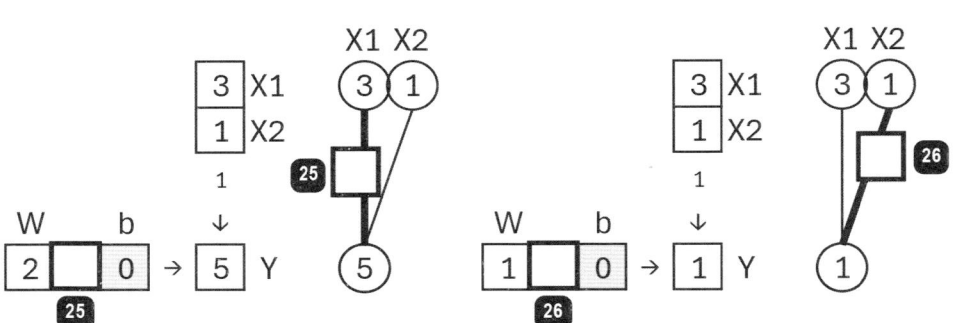
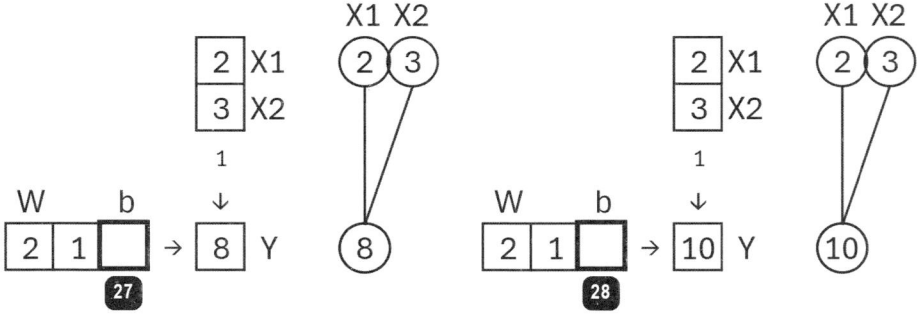

32 · Linear Layer

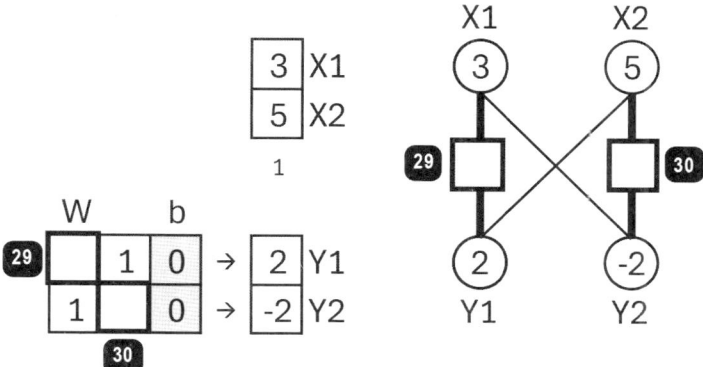

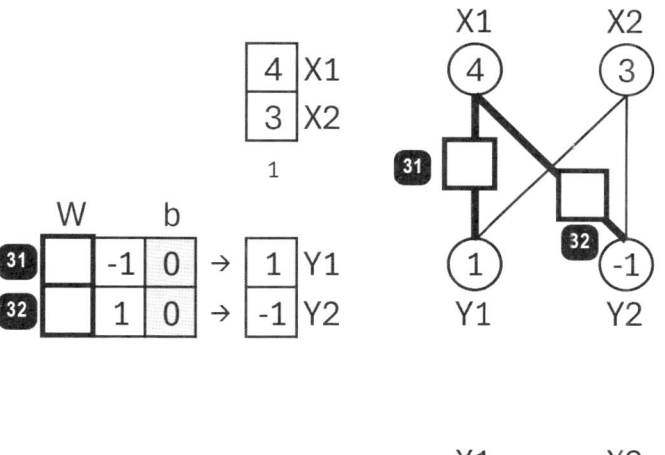

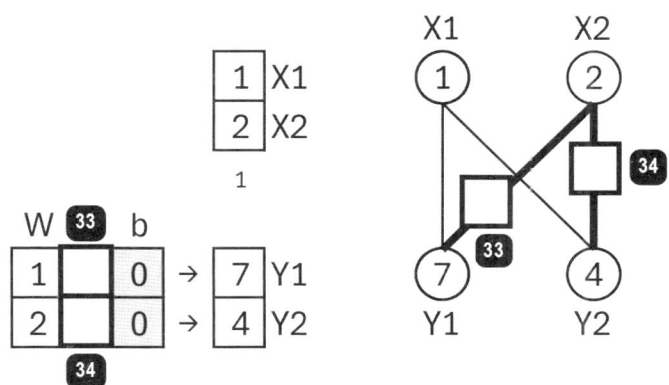

Linear Layer · 33

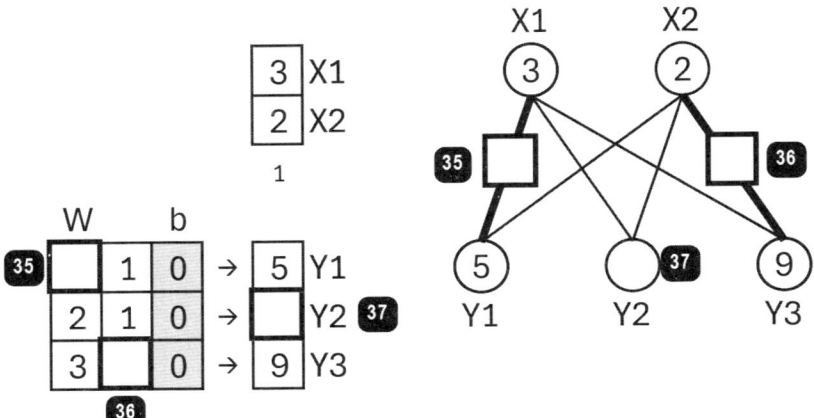

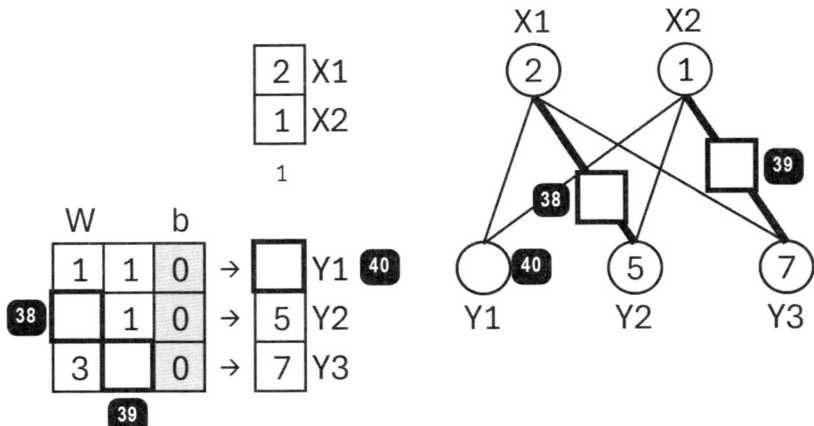

34 · Linear Layer

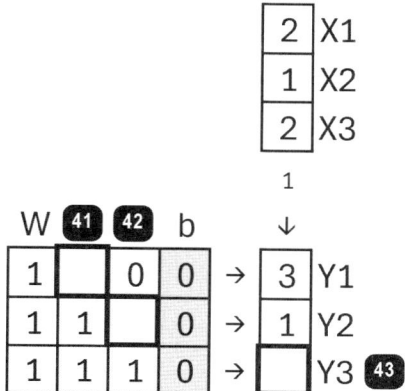
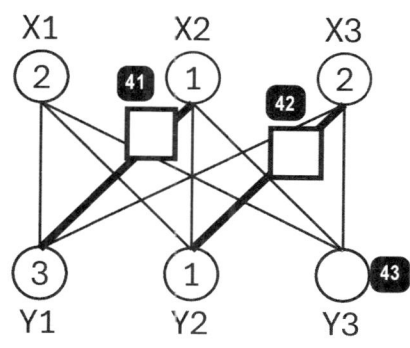

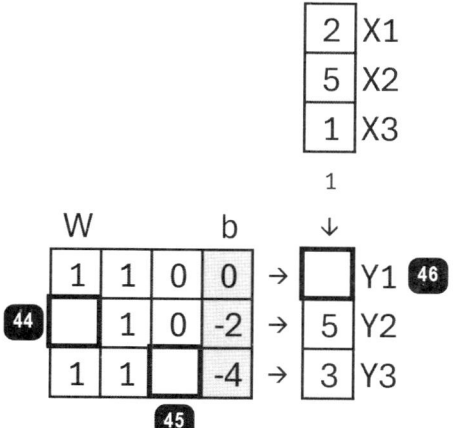
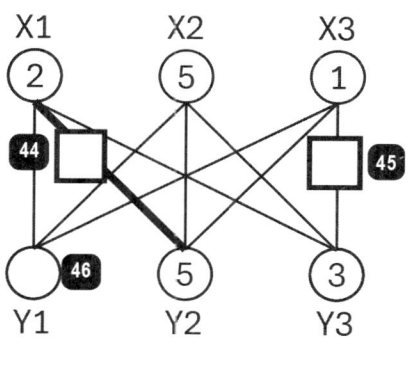

41	42	43	44	45	46
1	-1	5	1	0	7

Linear Layer · 35

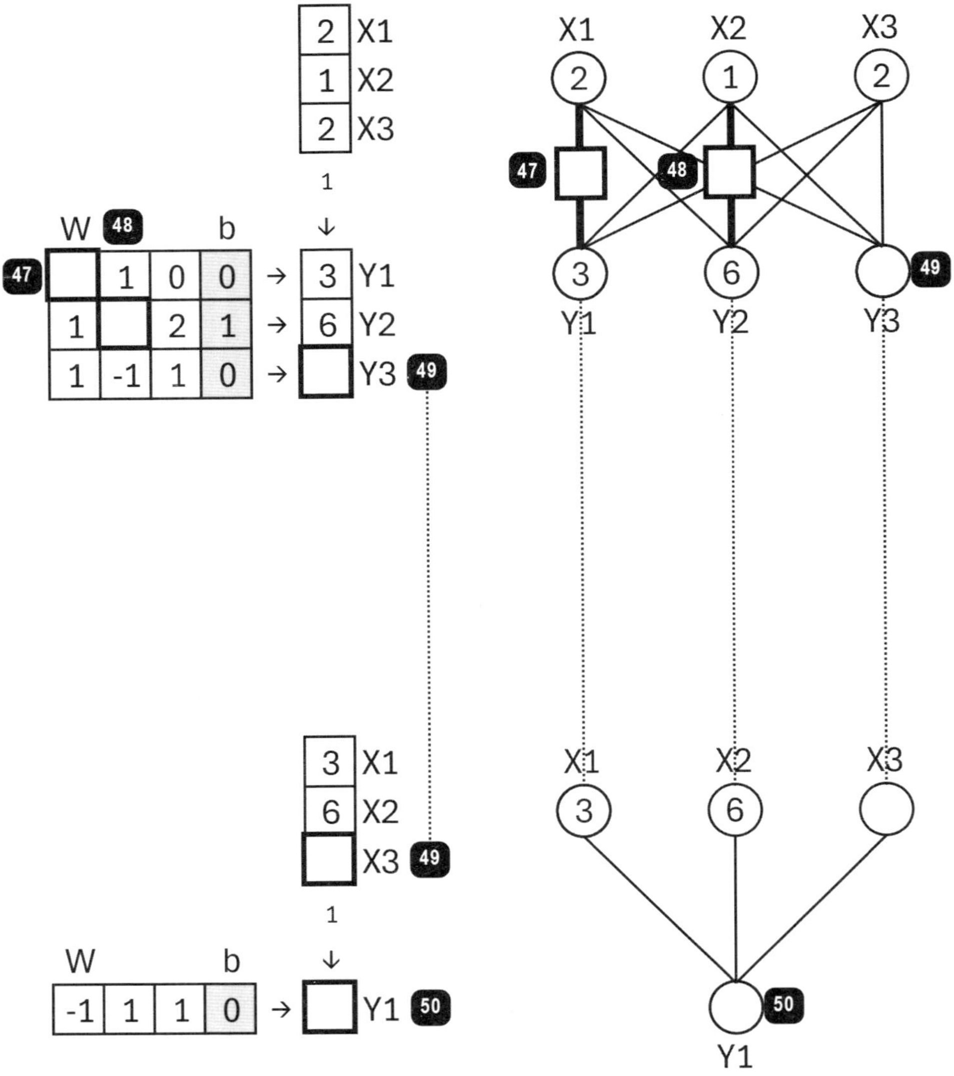

36 · Linear Layer

Chapter 04
Activation
(활성화 함수)

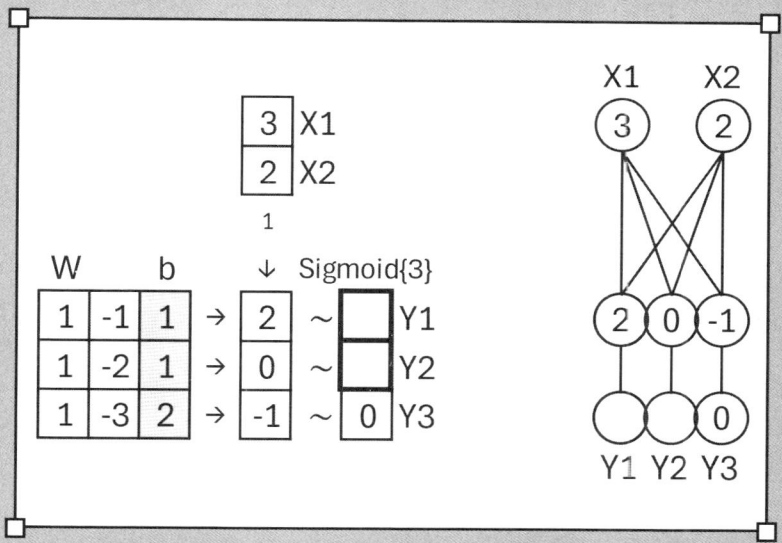

Linear layer의 출력에 비선형성을 추가해 모델이 복잡한 패턴을 학습하도록 돕는 함수이다. Linear layer(선형 계층)만 있으면 모델은 선형 변환만 수행하게 되어, 여러 층을 쌓더라도 결국 선형 함수밖에 표현하지 못하게 된다. Activation(활성화 함수)는 비선형성(Non-Linearity)을 추가하여 모델이 복잡한 함수와 패턴을 학습할 수 있도록 한다. 대표적인 활성화 함수로는 ReLU, Sigmoid, Tanh, Softmax 등이 있으며, 이 책에서 소개된 Softmax 함수의 경우 다중 클래스의 확률 분포를 출력할 수 있게 한다.

신경망에서는 Linear layer ➔ Activation ➔ 다음 Linear layer 식으로 층을 반복하게 되며, 매 Linear layer 뒤에 Activation 함수를 사용하는 방식으로 모델이 만들어져 나간다.

Y = ReLU(X)

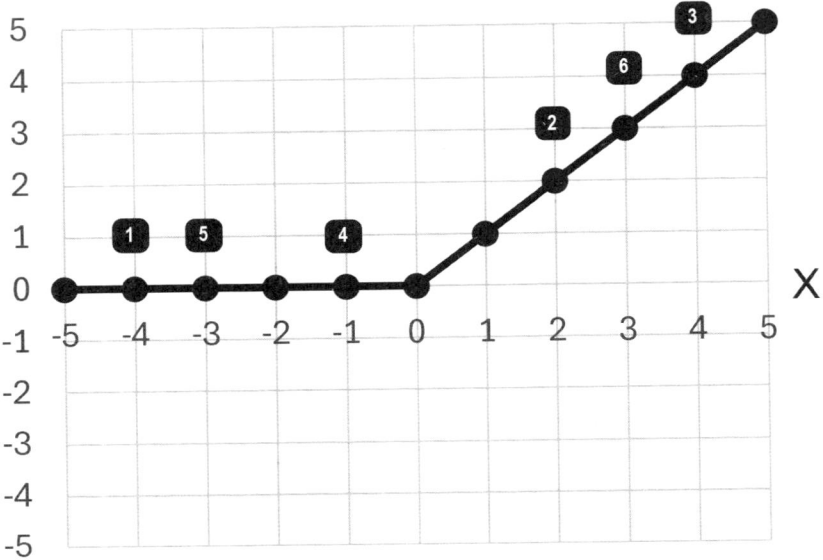

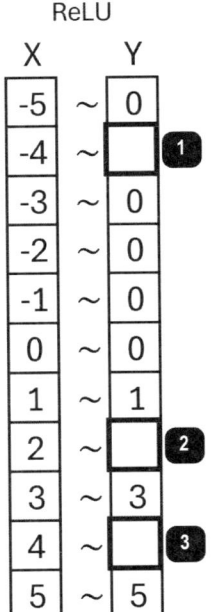

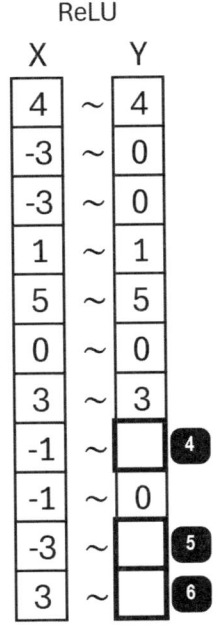

38 · Activation

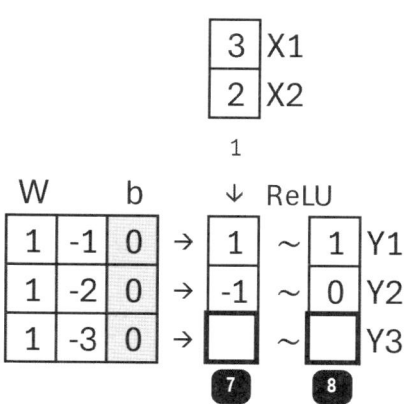 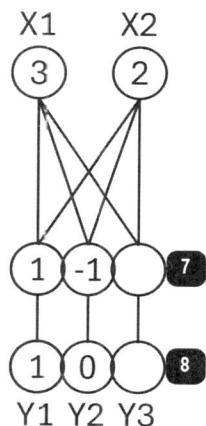

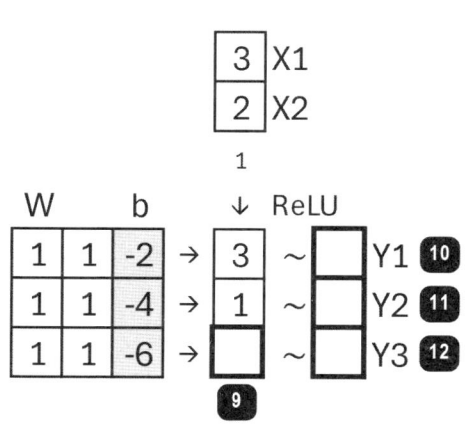 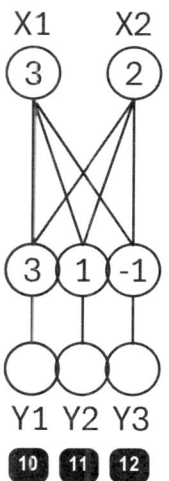

Activation · 39

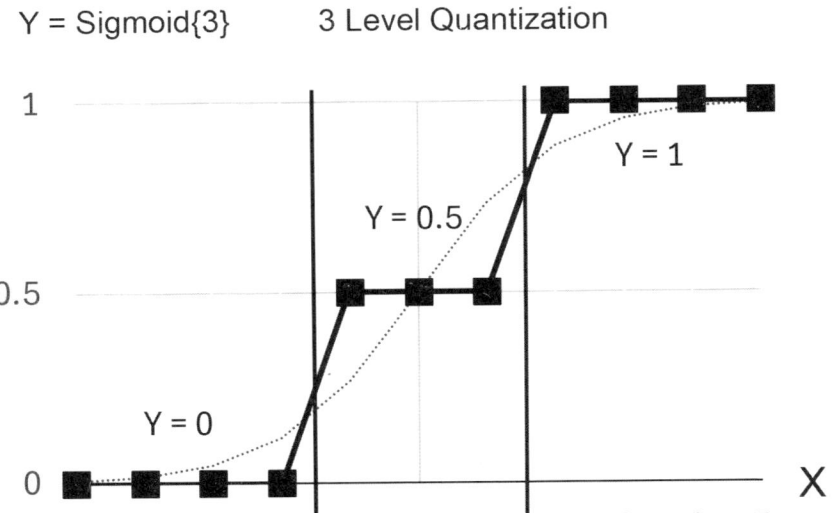

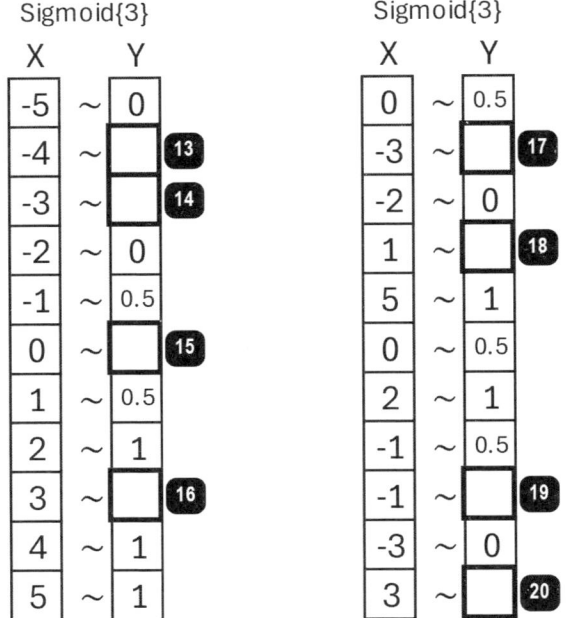

40 · Activation

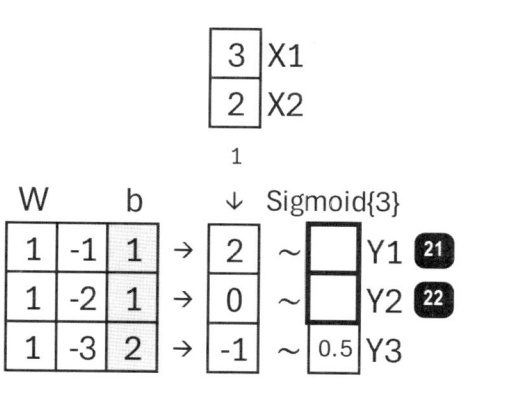
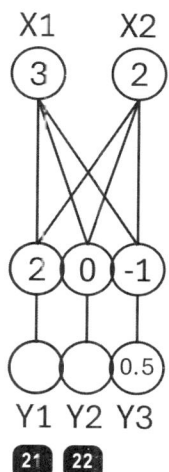

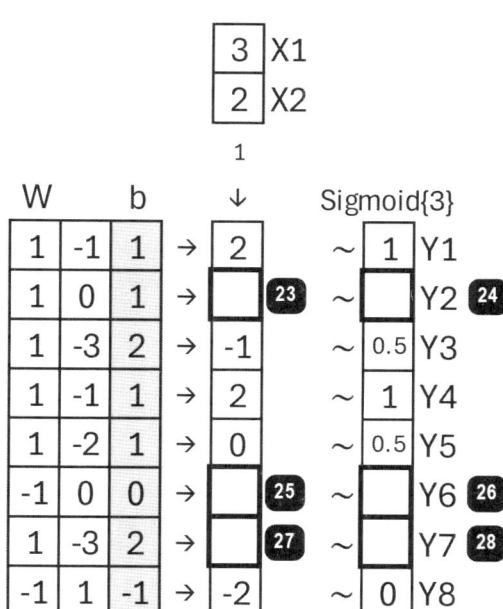

Activation · 41

Y = Tanh{3}(X) 3 Level Quantization

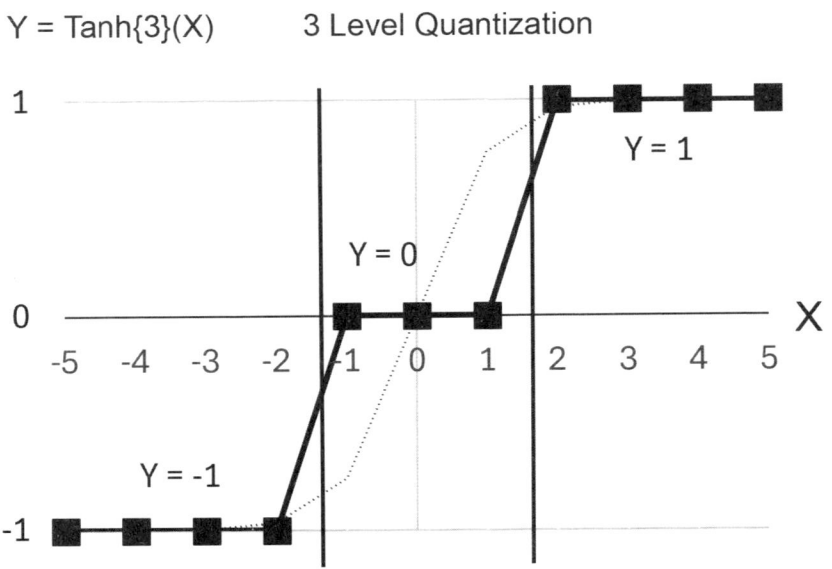

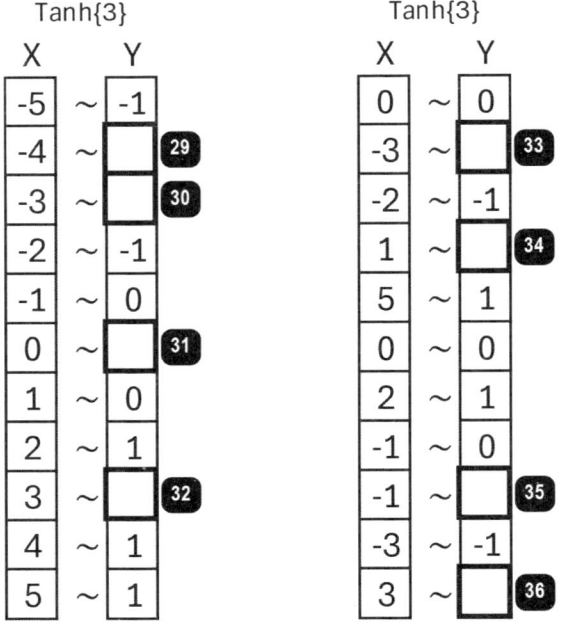

29	30	31	32	33	34	35	36
-1	-1	0	1	-1	0	0	1

42 · Activation

Y = Sigmoid{5}(X)   5 Level Quantization

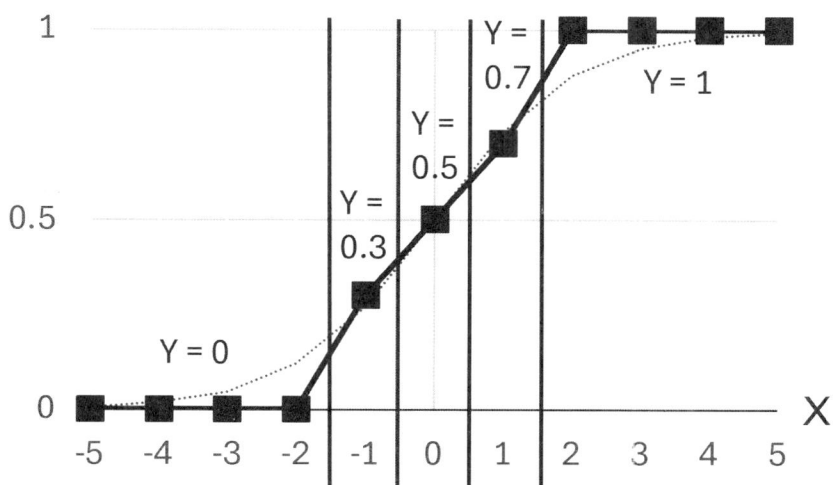

Sigmoid{5}

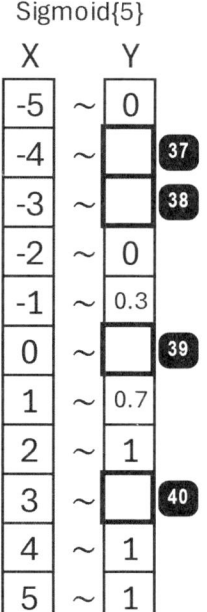

Sigmoid{5}

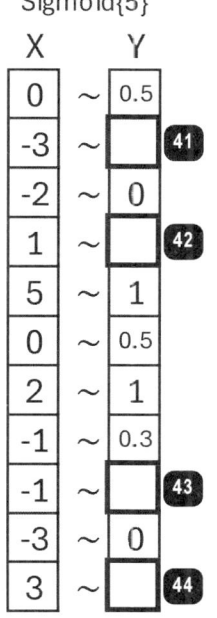

Activation · 43

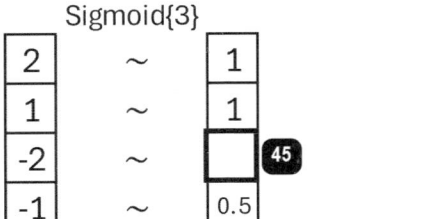

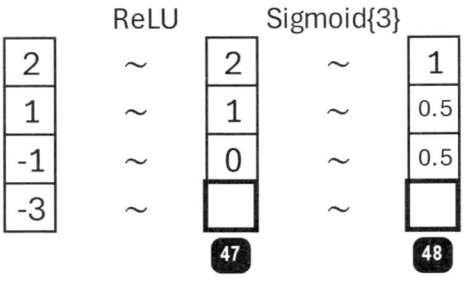

45	46	47	48	49	50
0	-1	0	0.5	0	0.5

44 · Activation

Chapter 05
Artificial Neuron
(인공 뉴런)

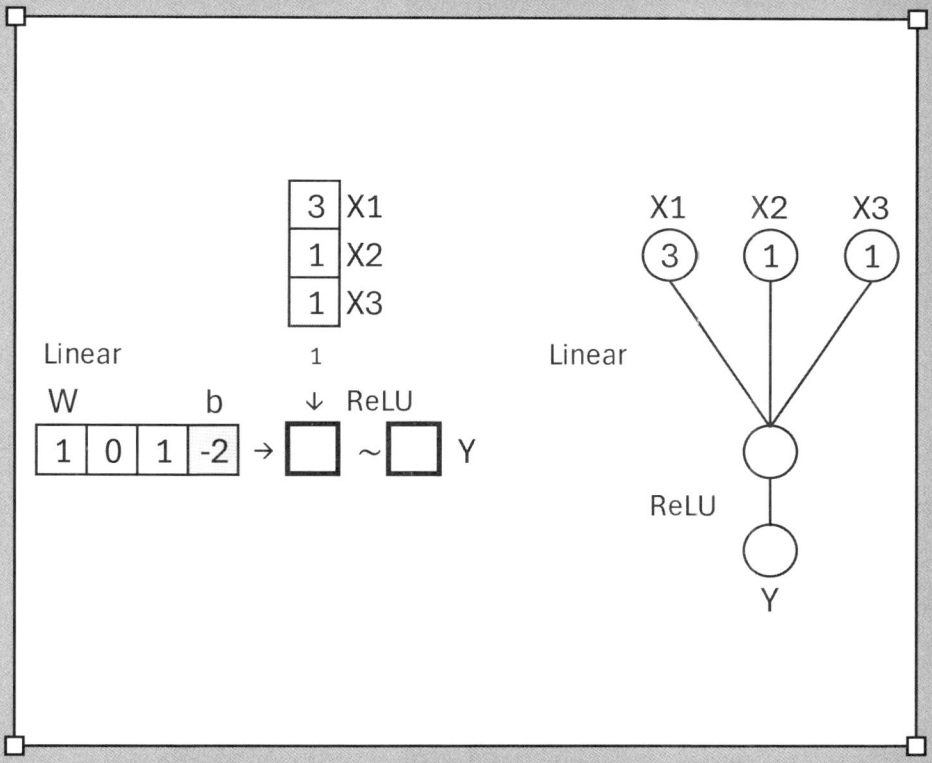

신경망(Neural Network)의 기본 단위이다. 생물학적 뉴런을 수학적으로 모방한 구조로, 입력값과 가중치, 바이어스를 받아 선형 연산 후 활성화 함수를 적용하여 출력값을 만드는 구조다. 즉, 인공 뉴런 = 입력 ➜ 선형 변환 ➜ 활성화 함수 ➜ 출력의 한 단위라고 이해하면 된다.

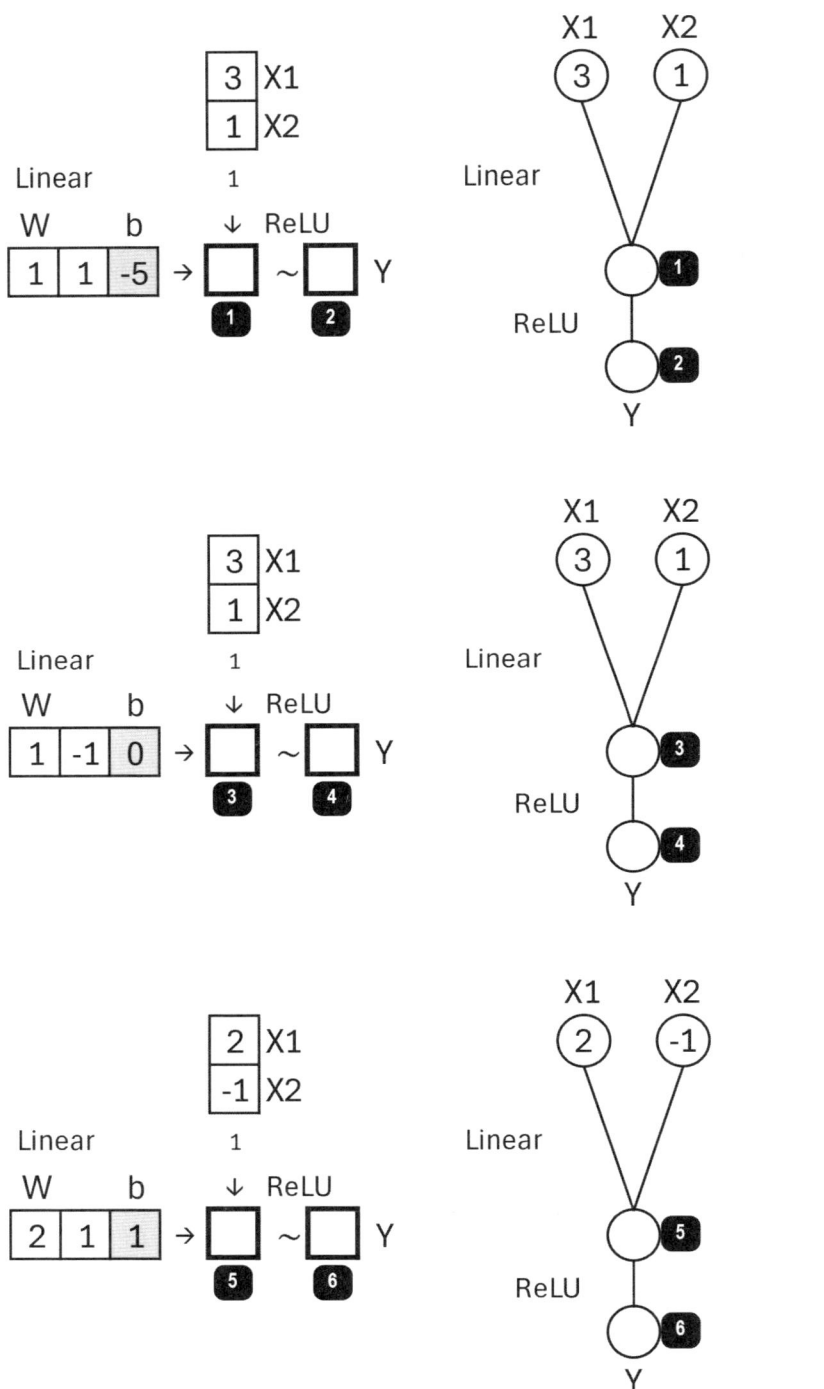

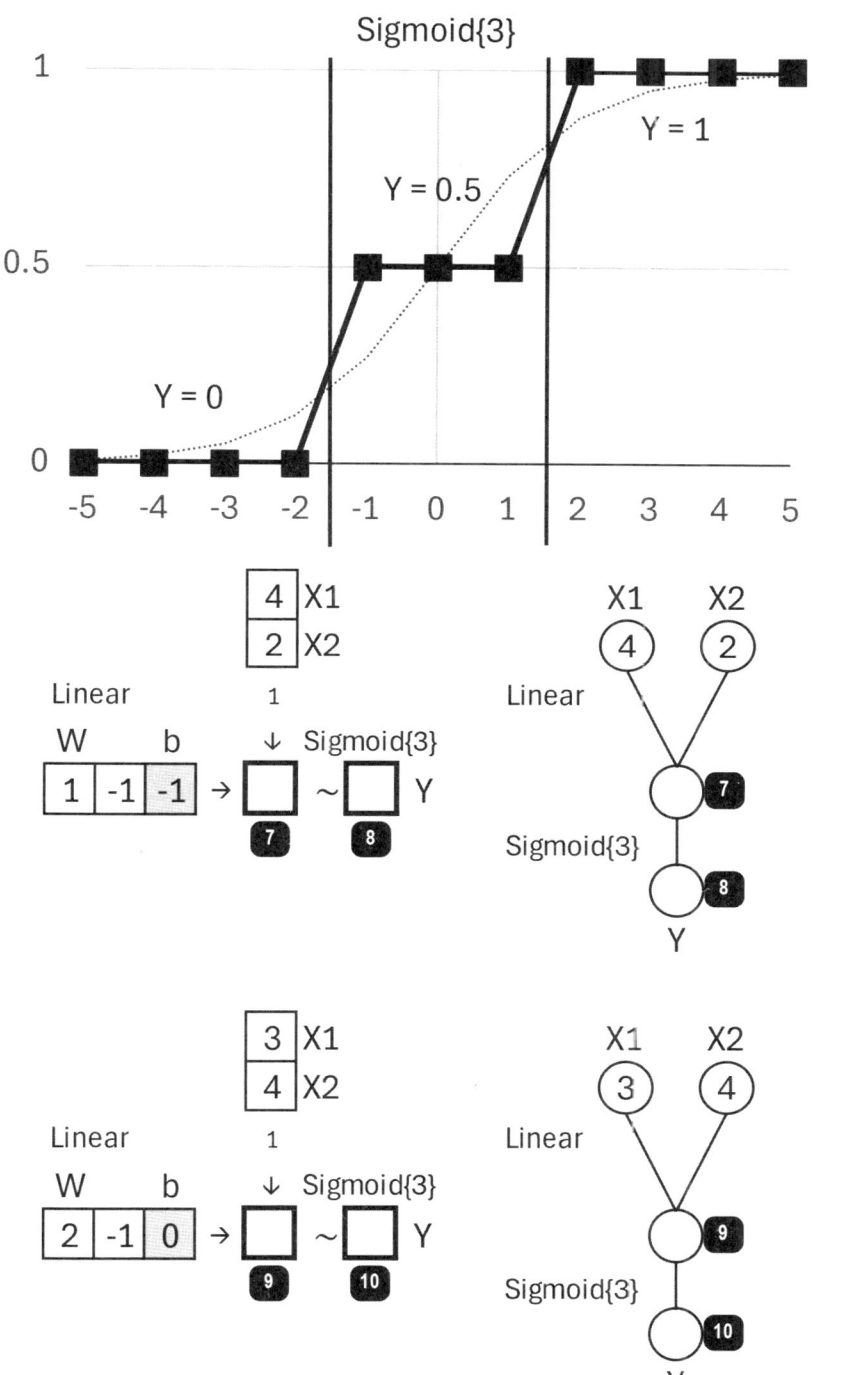

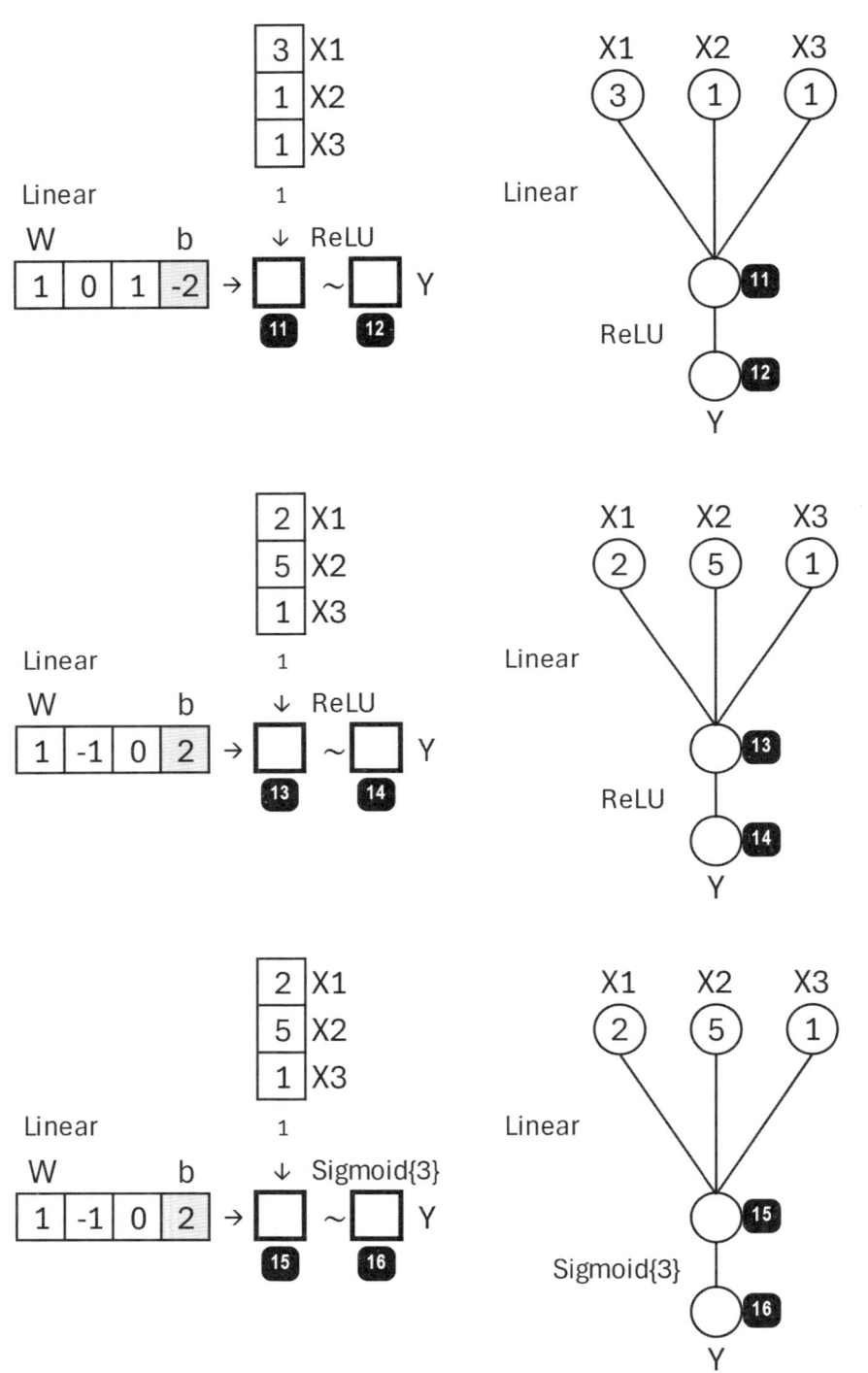

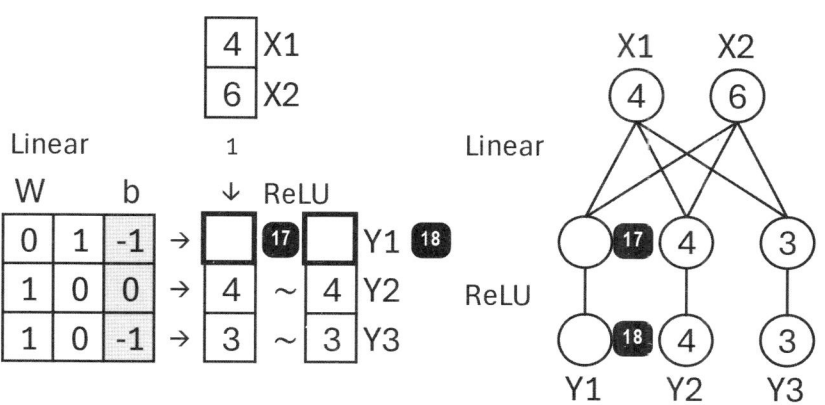
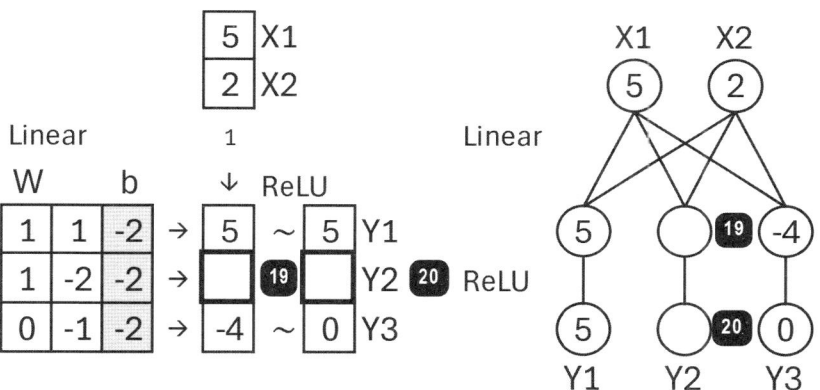
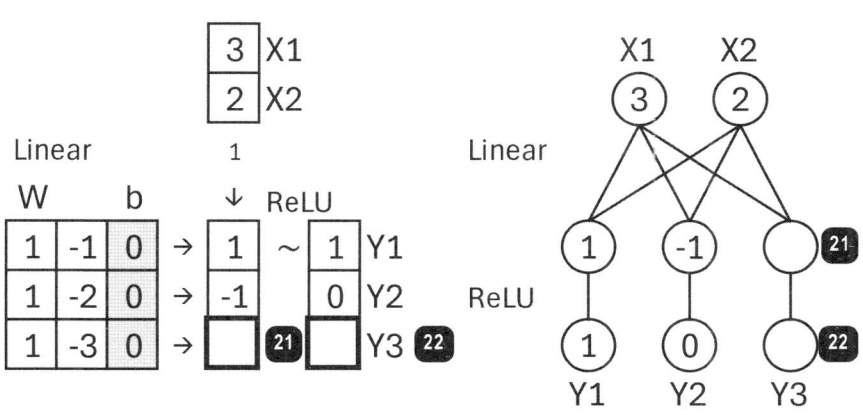

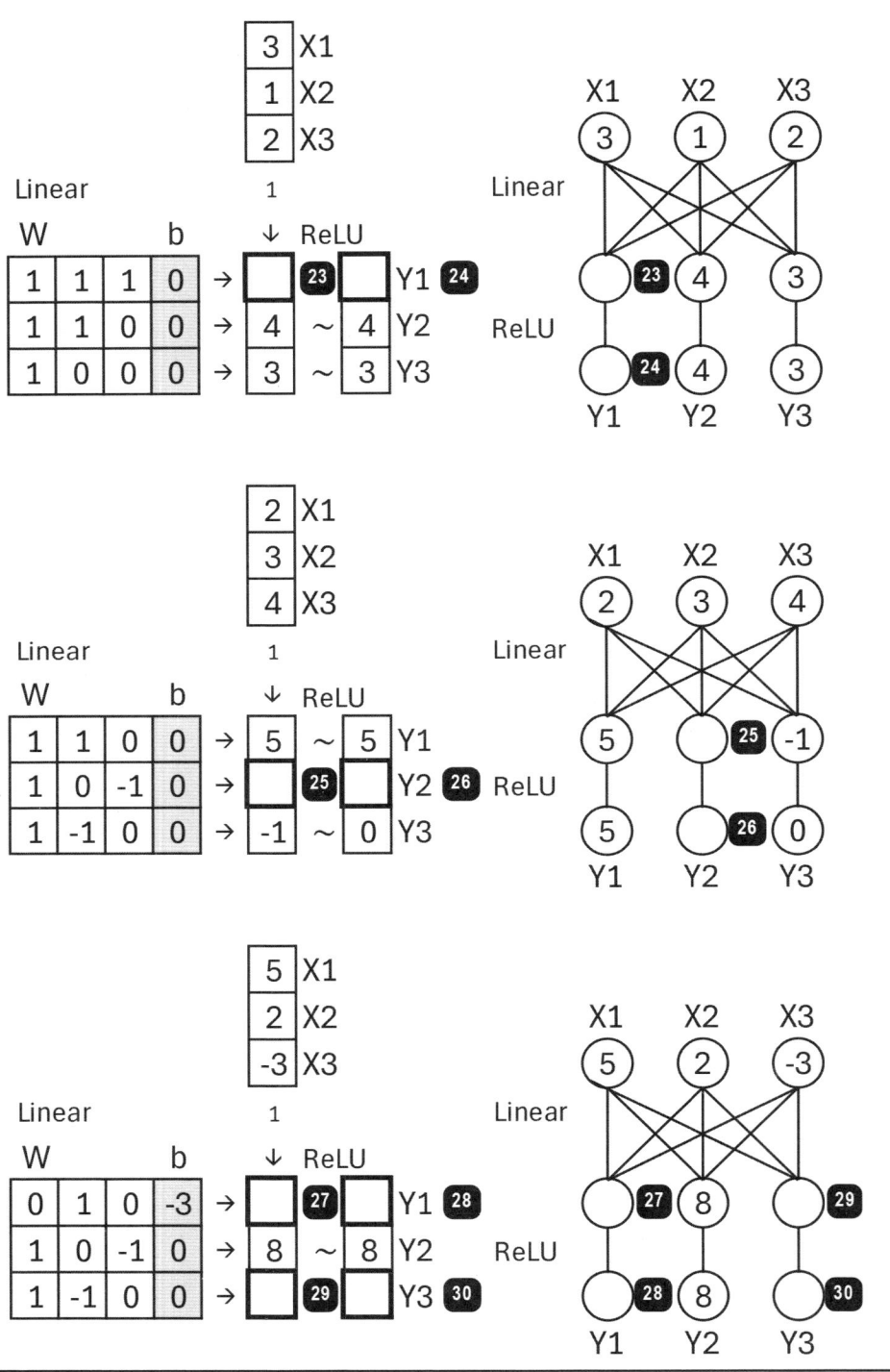

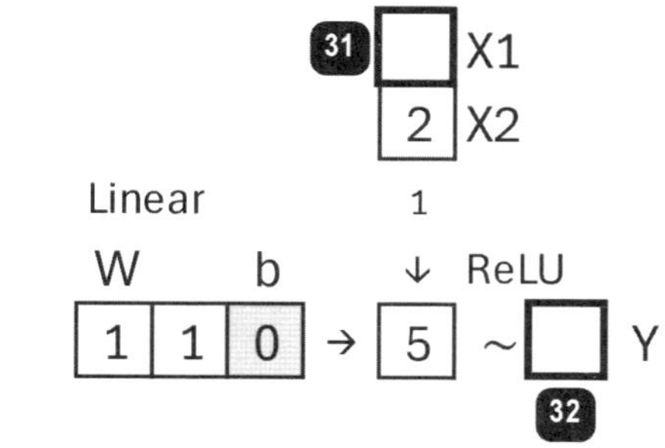

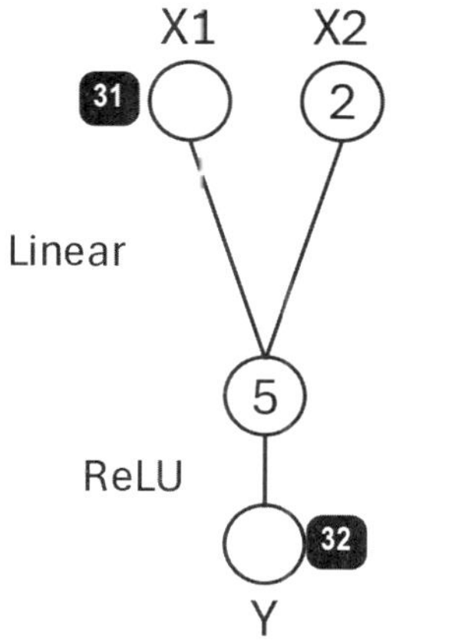

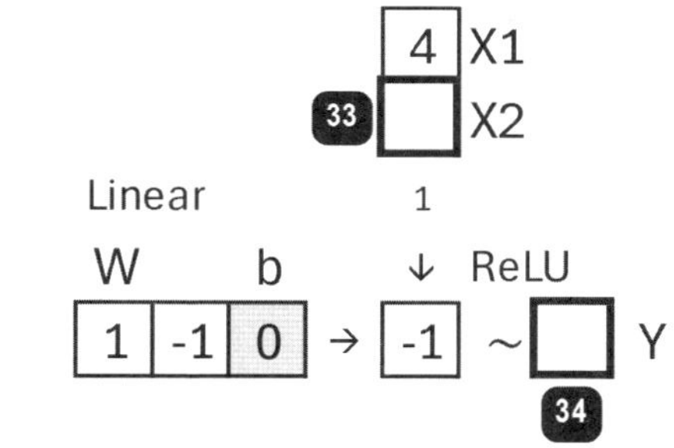

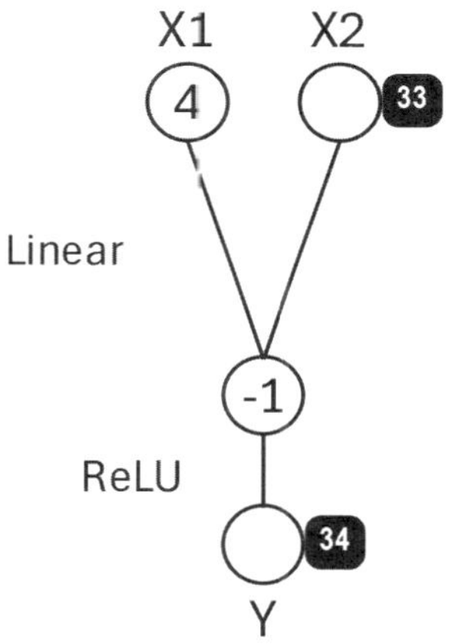

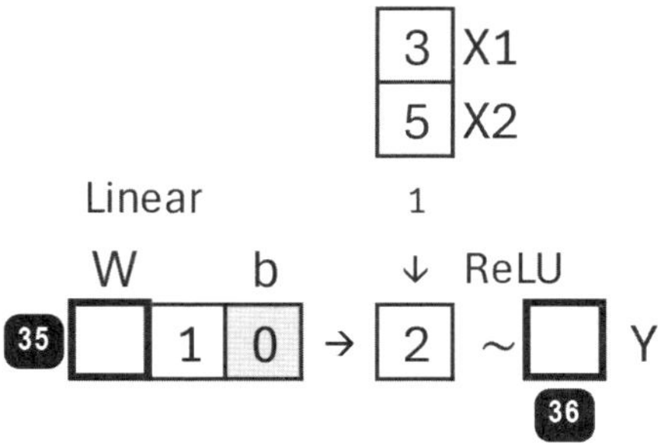

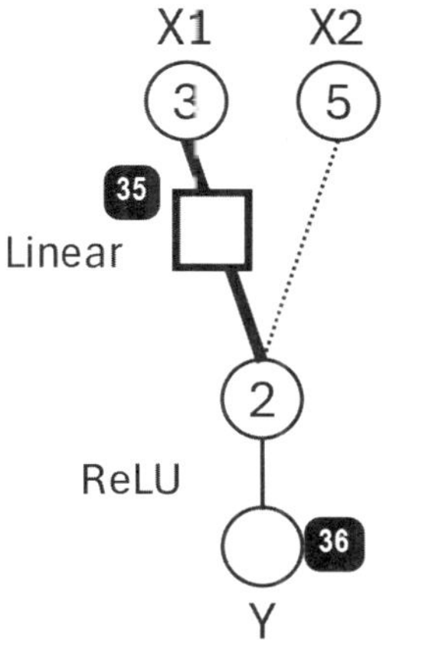

31	32	33	34	35	36
3	5	5	0	-1	2

Artificial Neuron · 51

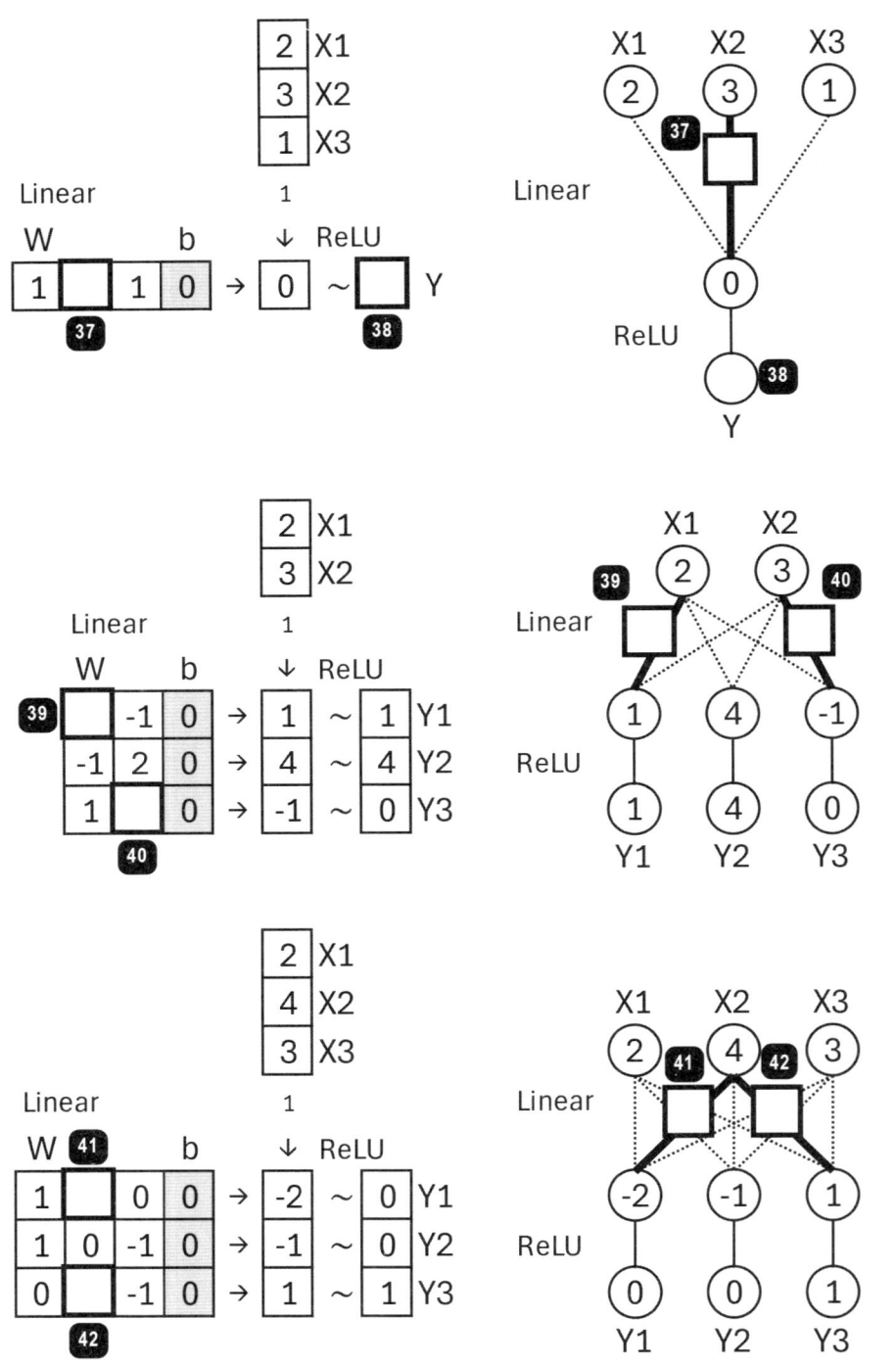

(R) ReLU or (S) Sigmoid{3}

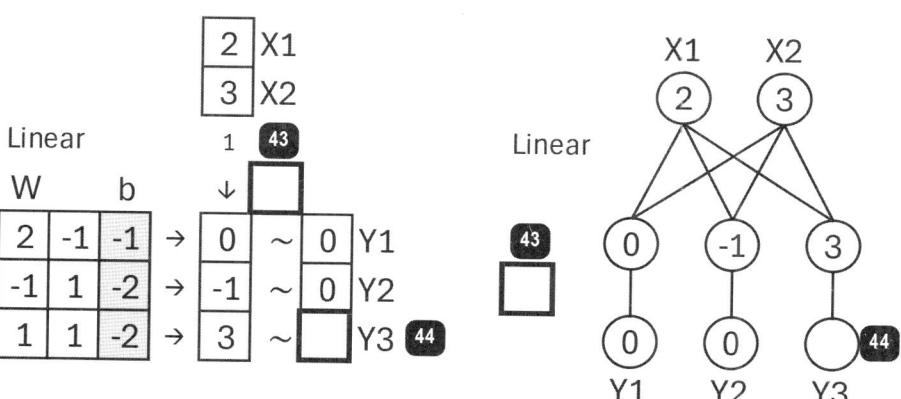

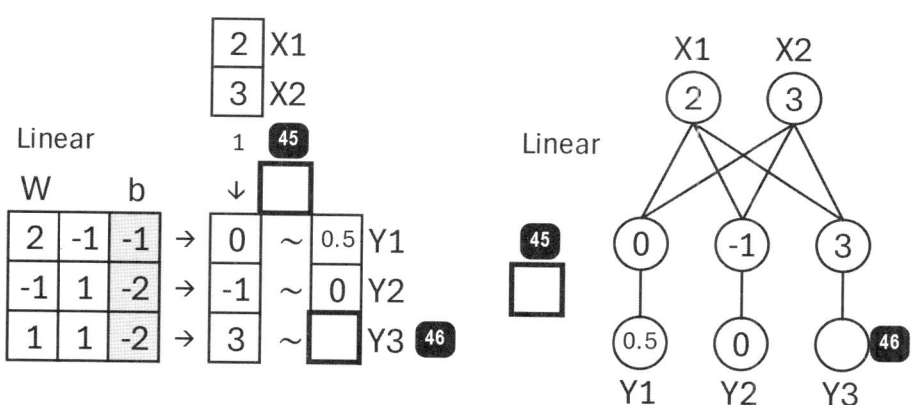

(R) ReLU or (S) Sigmoid{3}

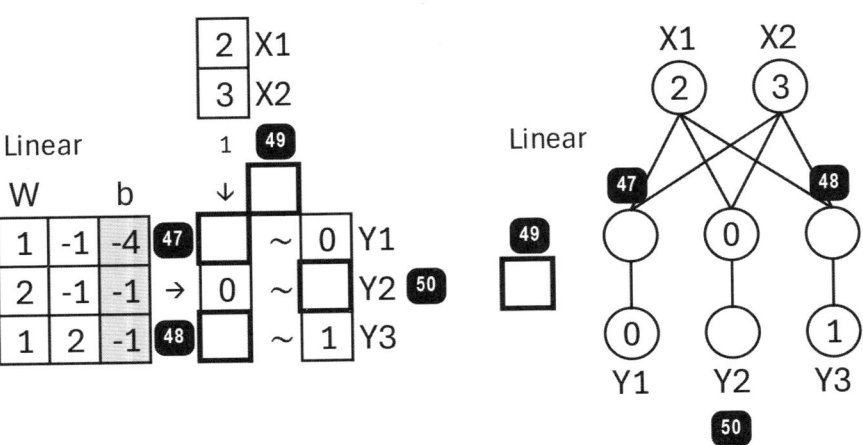

54 · Artificial Neuron

Chapter 06
Batch
(배치)

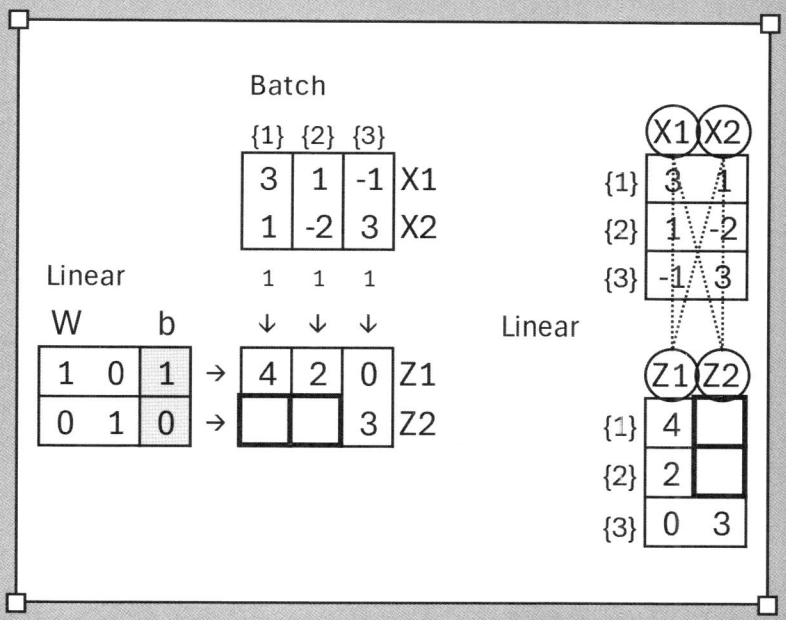

한 번에 신경망에 입력으로 넣어 처리하는 데이터 묶음으로, Linear layer나 Activation함수에 전달하는 역할을 한다. 예를 들어 학습 데이터가 10,000개라면, 한 번에 32개씩 넣어 처리했을 때 배치 크기(Batch size)는 32가 된다. GPU는 벡터/행렬 연산에 최적화되어 있기에, 한 번에 여러 데이터를 처리하는 것이 빠른데, 전체 데이터를 한 번에 쓰면 메모리가 부족하고, 1개씩 쓰면 속도도 느릴뿐더러 학습이 불안정해진다. 따라서 적절한 배치를 사용해 경사 하강법(SGC)을 활용하면 안정적이고 효율적으로 모델이 동작하게 된다.

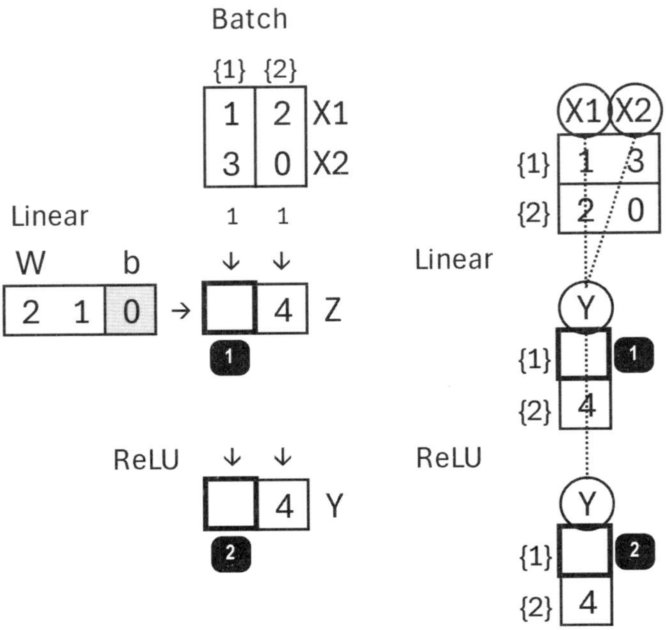

Batch

	{1}	{2}	
	1	2	X1
	3	0	X2

Linear

W		b
2	1	0

→ | ❶ | 4 | Z

ReLU

| | 4 | Y
❷

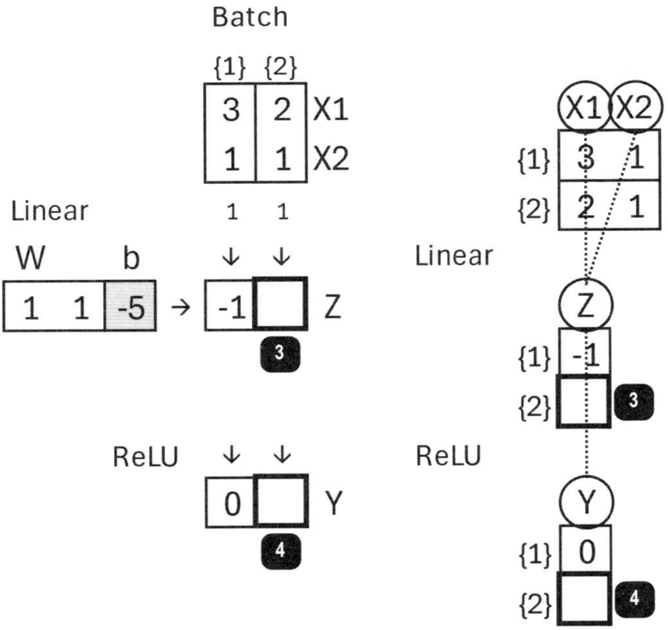

Batch

	{1}	{2}	
	3	2	X1
	1	1	X2

Linear

W		b
1	1	-5

→ | -1 | ❸ | Z

ReLU

| 0 | ❹ | Y

❶	❷	❸	❹
5	5	-2	0

56 · Batch

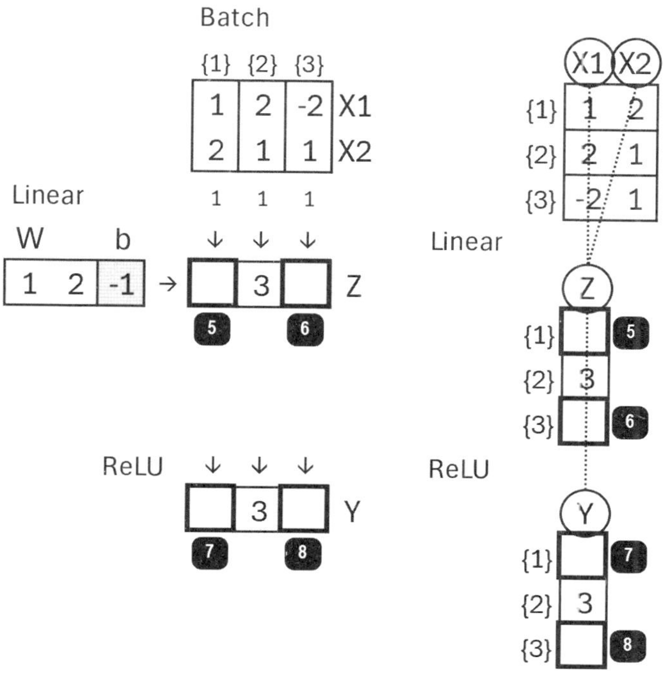

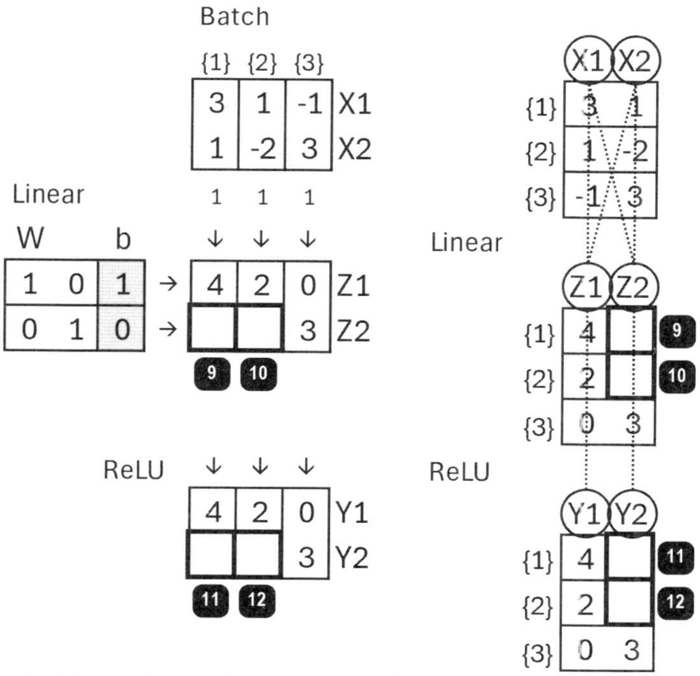

Batch · 57

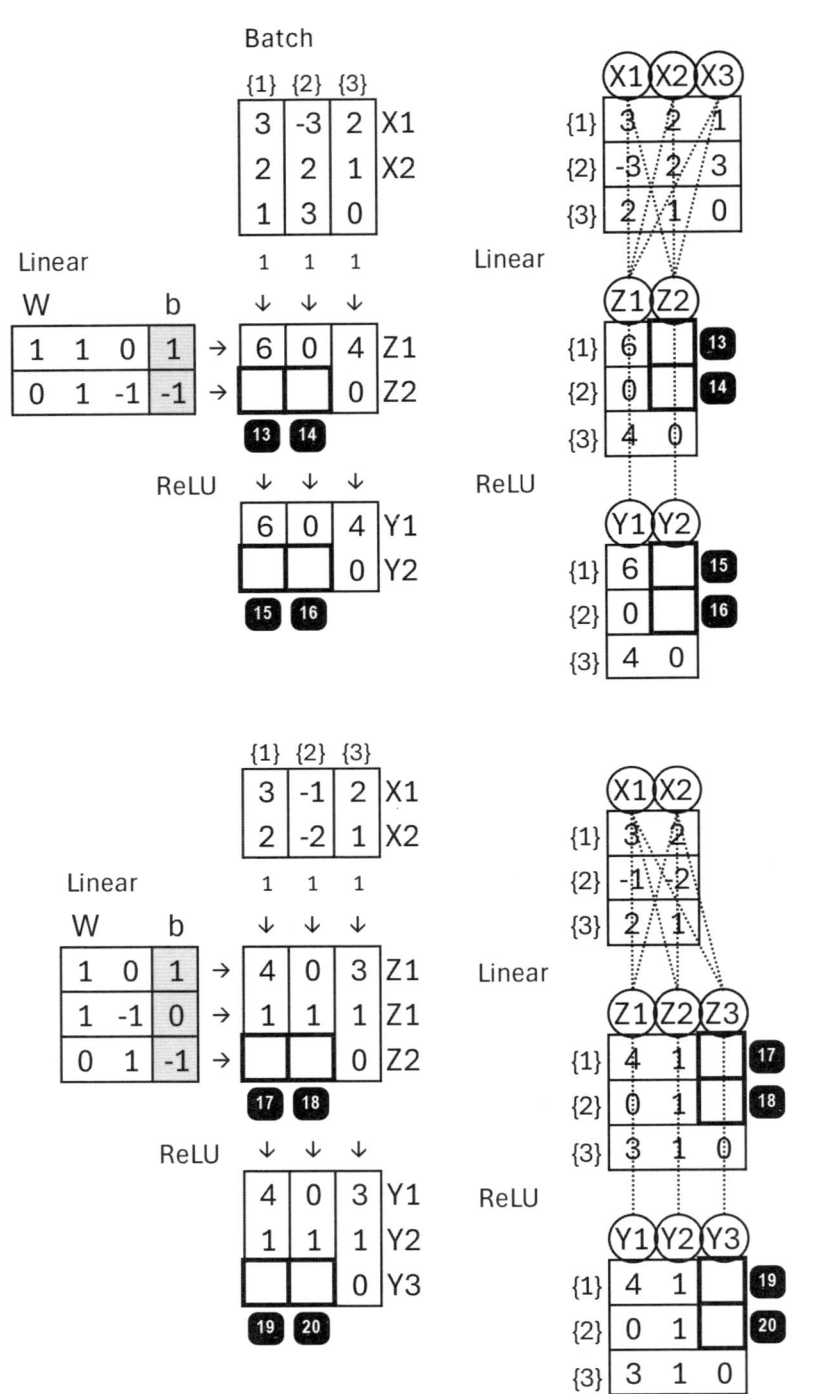

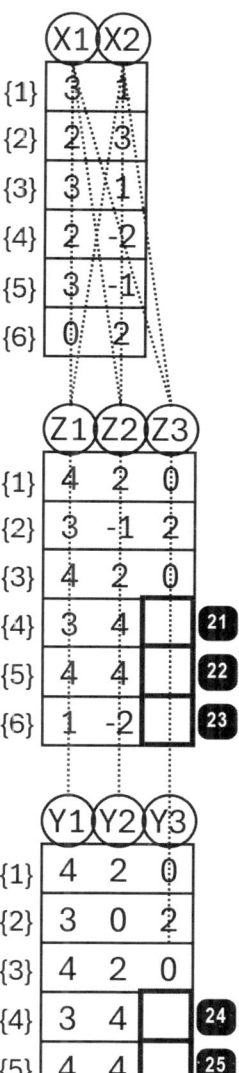

Batch · 59

Batch Sum

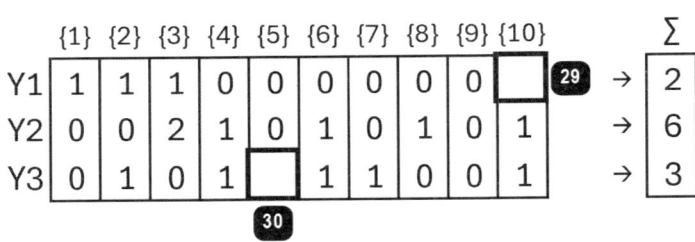

Batch Mean

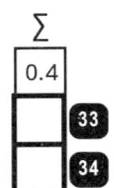

Batch Add

	{1}	{2}	{3}	{4}
Y1	4	0	4	0
Y2	2	2	2	6
Y3	2	3	2	-3

.+

3
1
2

=

	{1}	{2}	{3}	{4}
Y1	7	3	7	③⁵
Y2	3	3	3	7
Y3	4	③⁶	4	-1

	{1}	{2}	{3}	{4}
Y1	4	0	4	0
Y2	2	3	1	2
Y3	2	3	2	3

.+

③⁷
-2
③⁸

=

	{1}	{2}	{3}	{4}
Y1	9	5	9	5
Y2	0	1	-1	0
Y3	5	6	5	6

Batch Subtract

	{1}	{2}	{3}	{4}
Y1	4	0	4	0
Y2	2	2	2	6
Y3	2	3	2	-3

.-

2
1
1

=

	{1}	{2}	{3}	{4}
Y1	2	-2	2	-2
Y2	1	1	1	③⁹
Y3	1	2	④⁰	-4

	{1}	{2}	{3}	{4}
Y1	4	0	4	0
Y2	2	2	2	4
Y3	2	3	2	-3

.-

④¹
1
④²

=

	{1}	{2}	{3}	{4}
Y1	2	-2	2	-2
Y2	1	1	1	3
Y3	3	4	3	-2

35	36	37	38	39	40	41	42
3	5	5	3	5	1	2	-1

Batch Multiply

Batch Center at Zero

Chapter 07
Connection (연결)

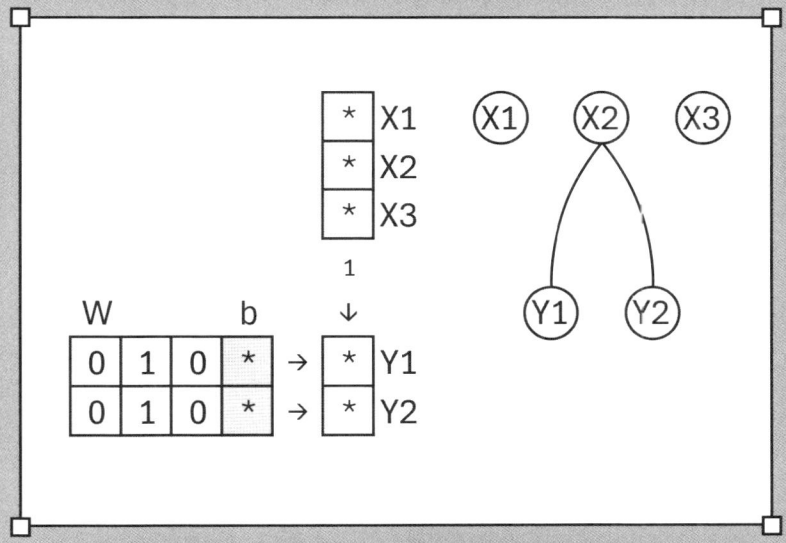

한 층(Layer)의 뉴런이 다음 층의 뉴런과 어떻게 연결되어 있는지 나타내는 구조를 말한다.

신경망에서는 완전 연결(Fully connected), 부분 연결(Partially connected), 재귀/순환 연결(Recurrent connection) 등으로 분류되는데, 완전 연결의 경우 한 층의 모든 뉴런이 다음 층의 모든 뉴런과 연결되어 보통 Linear layer와 같은 형태로 표현된다. 부분 연결의 경우 일부 뉴런만 다음 층과 연결되는데, 예를 들어 CNN에서 필터별로 일부 입력만 다음 층으로 연결되는 경우가 있다. 재귀 연결은 출력이 자기 자신이나 이전 단계 입력으로 다시 들어가는 경우를 칭한다.

각 연결에는 가중치(Weight)가 할당되어 있어 입력 신호의 영향력을 조절할 수 있다.

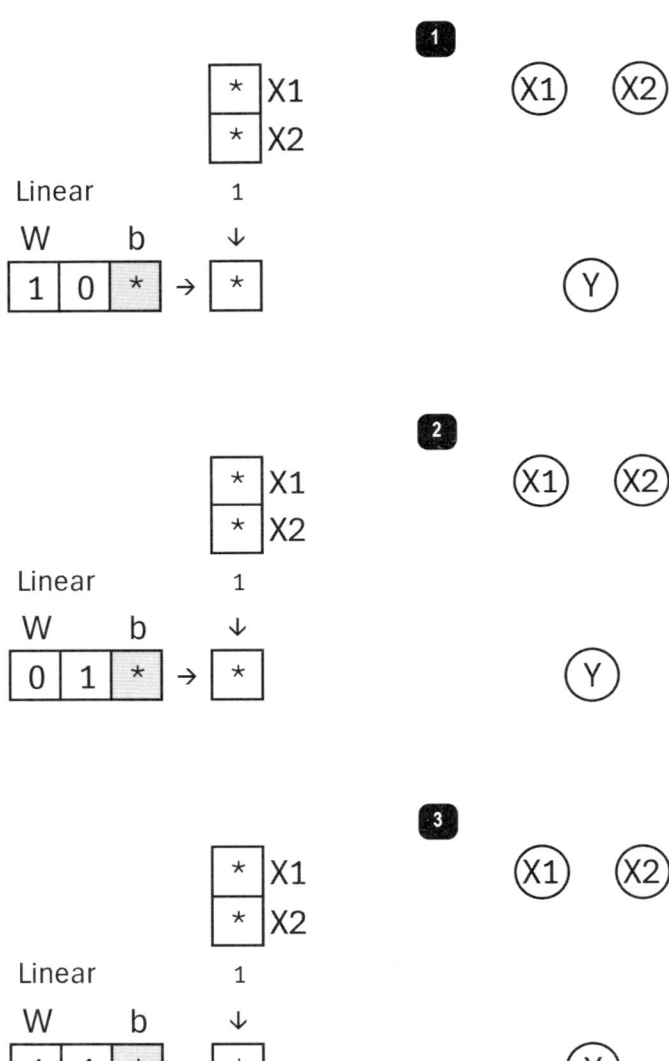

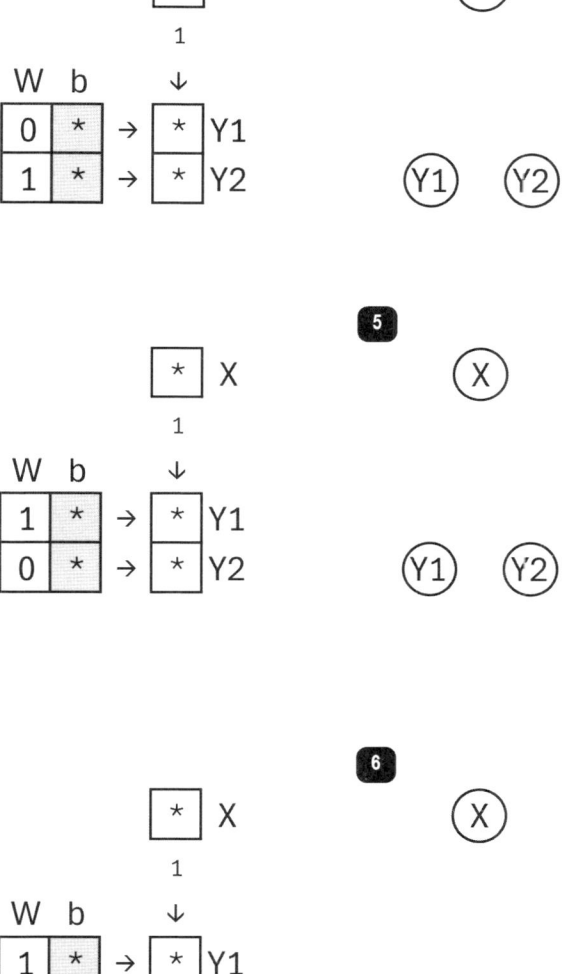

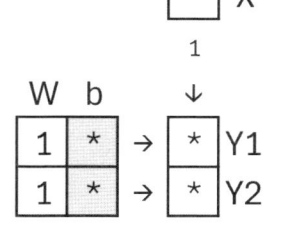
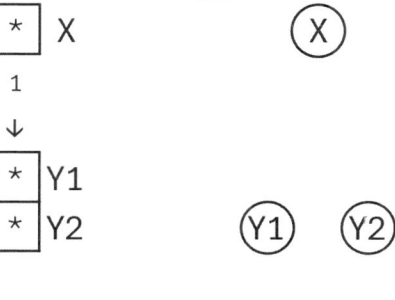

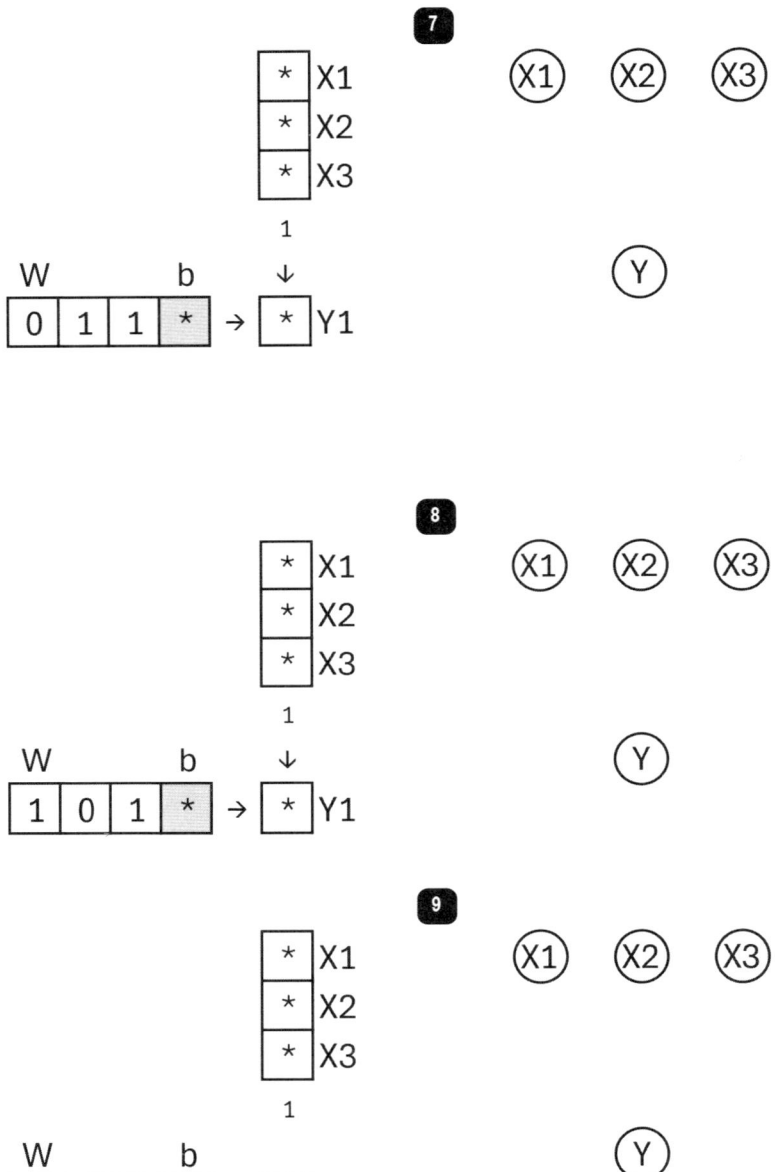

10

		b
0	1	*
1	0	*

→ * Y1
→ * Y2

* X1
* X2
↓ 1

(X1) (X2)

(Y1) (Y2)

11

		b
1	0	*
0	1	*

→ * Y1
→ * Y2

* X1
* X2
↓ 1

(X1) (X2)

(Y1) (Y2)

12

		b
1	1	*
1	1	*

→ * Y1
→ * Y2

* X1
* X2
↓ 1

(X1) (X2)

(Y1) (Y2)

---

10 (X1)—(X2) / (Y1)—(Y2) with crossing **11** (X1)(X2) / (Y1)(Y2) parallel **12** (X1)(X2) / (Y1)(Y2) full cross

Connection · 67

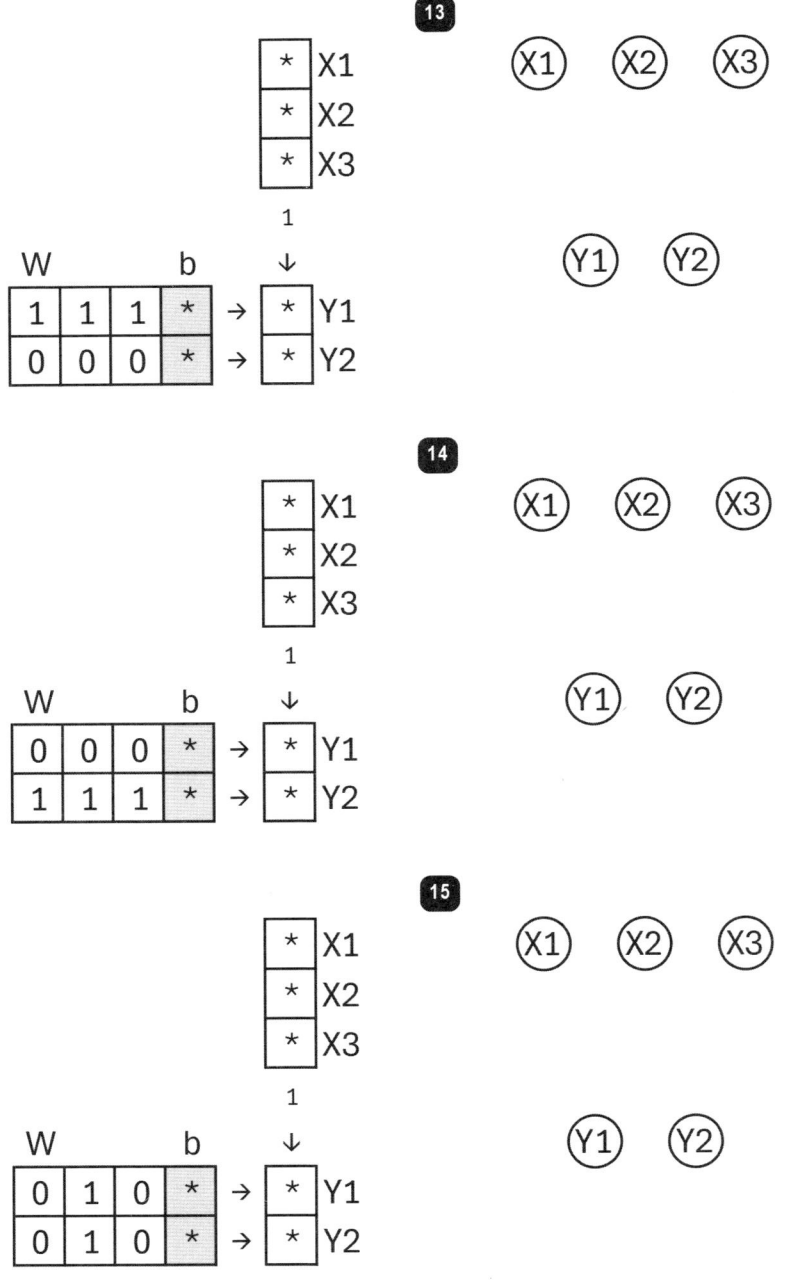

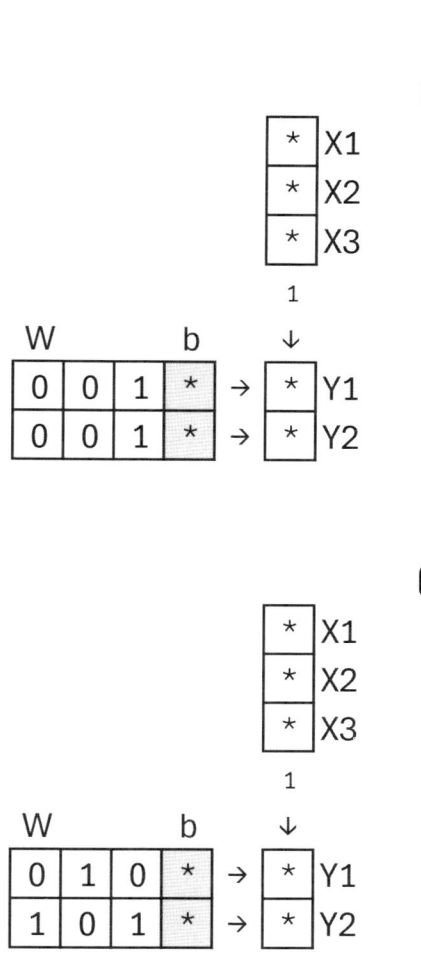
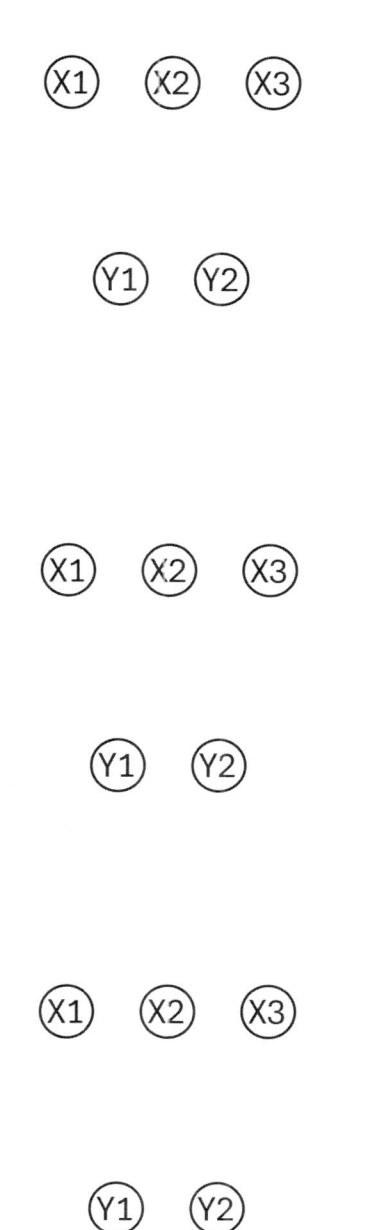
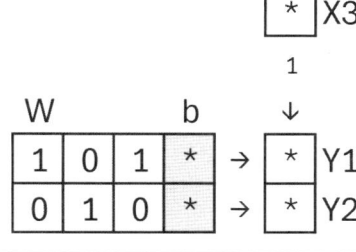
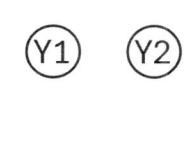

Connection · 69

19

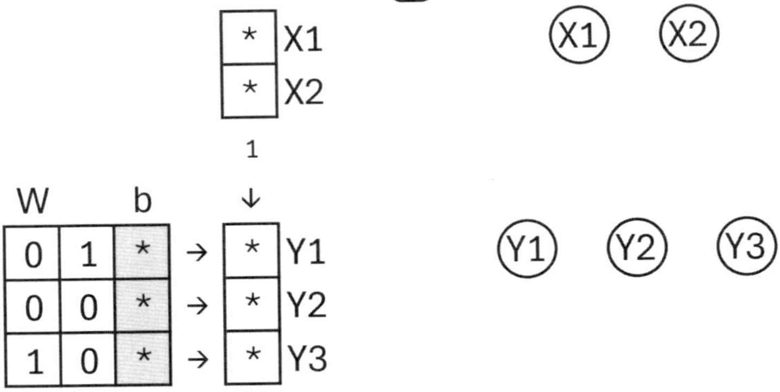

W		b
0	1	*
0	0	*
1	0	*

X1 *
X2 *

→ Y1 *
→ Y2 *
→ Y3 *

X1 X2

Y1 Y2 Y3

20

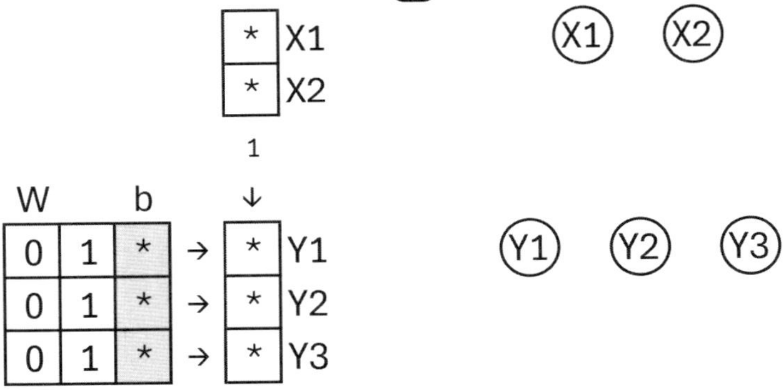

W		b
0	1	*
0	1	*
0	1	*

X1 *
X2 *

→ Y1 *
→ Y2 *
→ Y3 *

X1 X2

Y1 Y2 Y3

21

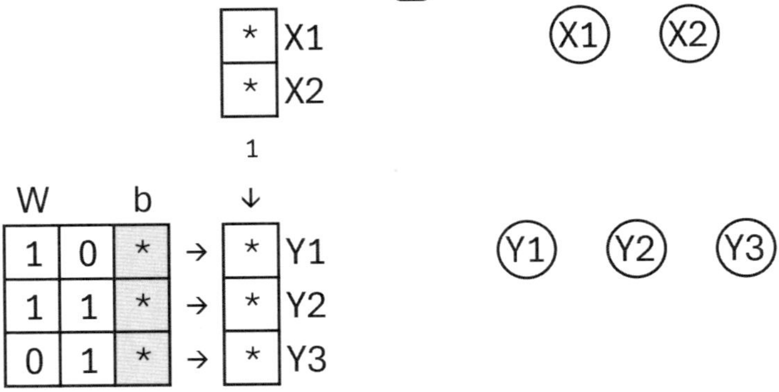

W		b
1	0	*
1	1	*
0	1	*

X1 *
X2 *

→ Y1 *
→ Y2 *
→ Y3 *

X1 X2

Y1 Y2 Y3

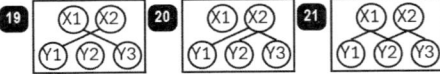

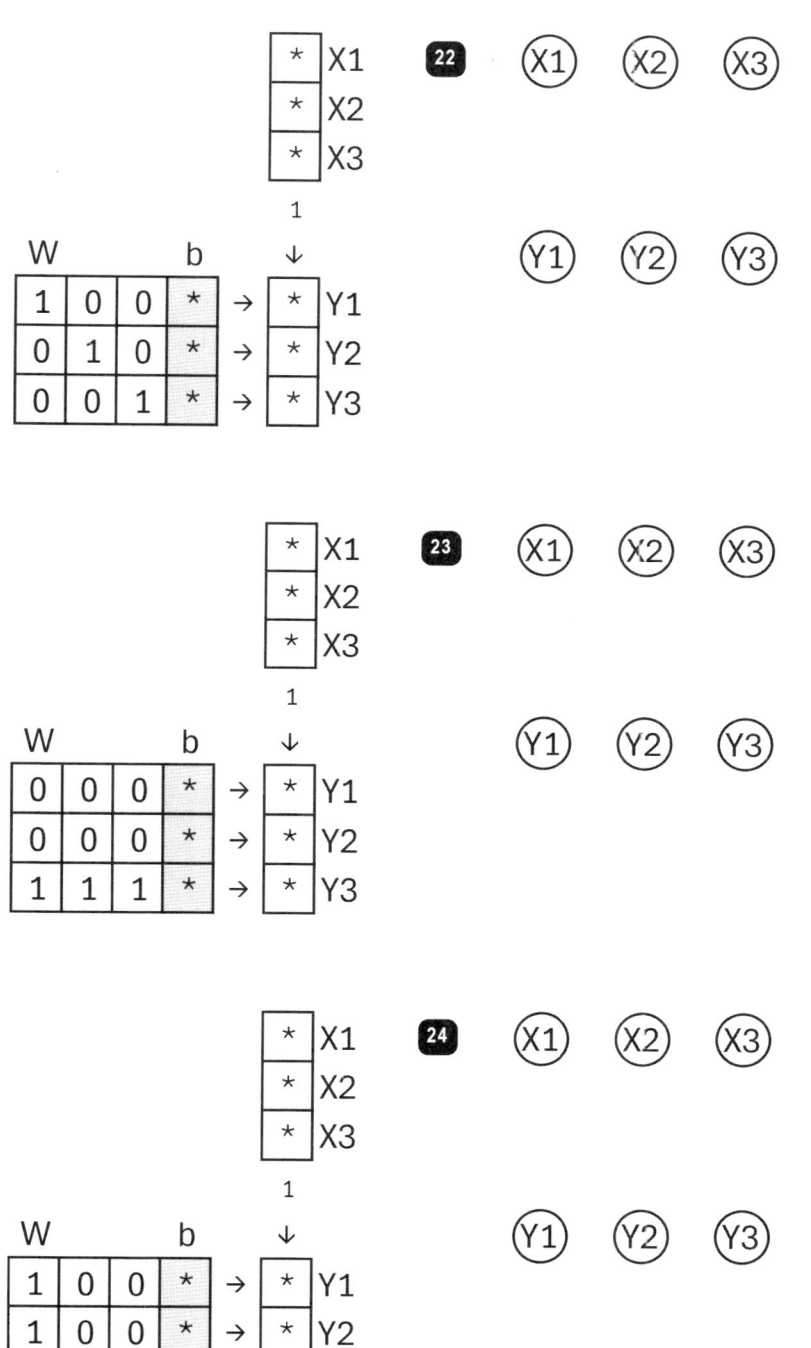

Connection · 71

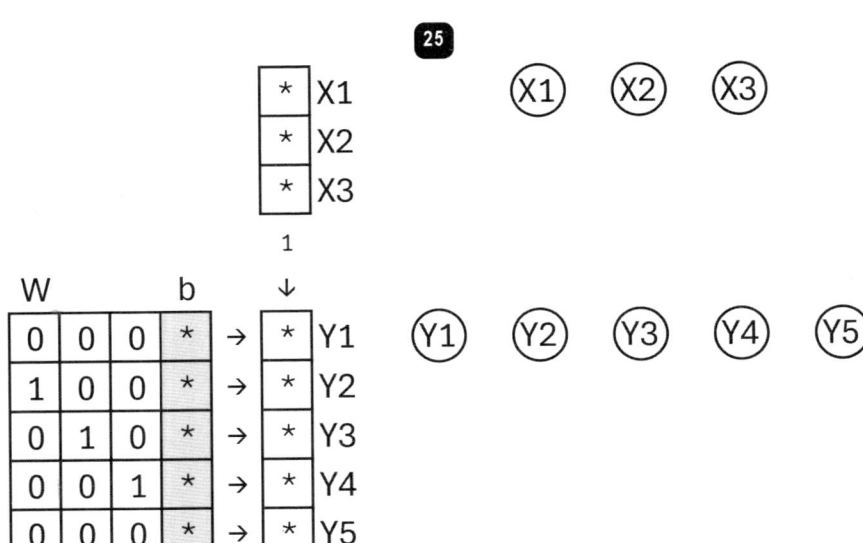

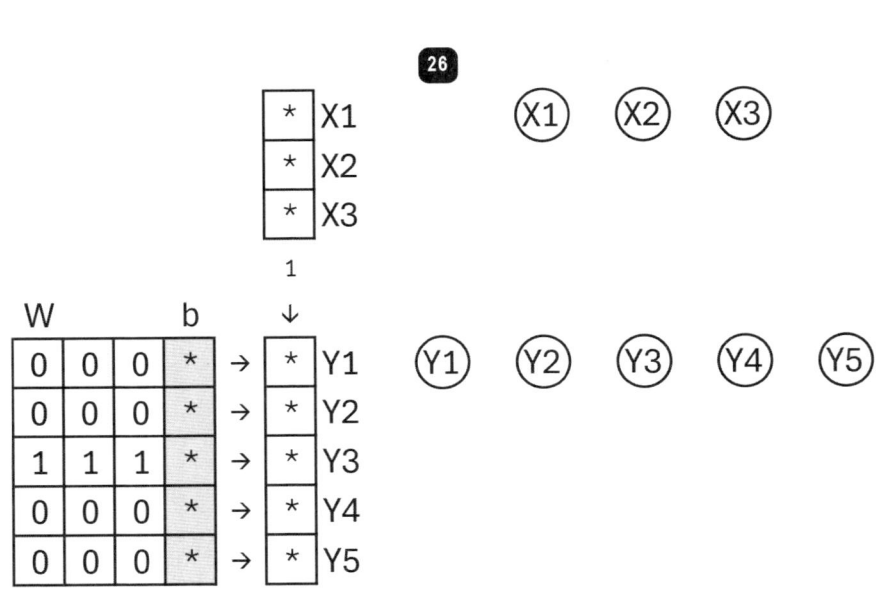

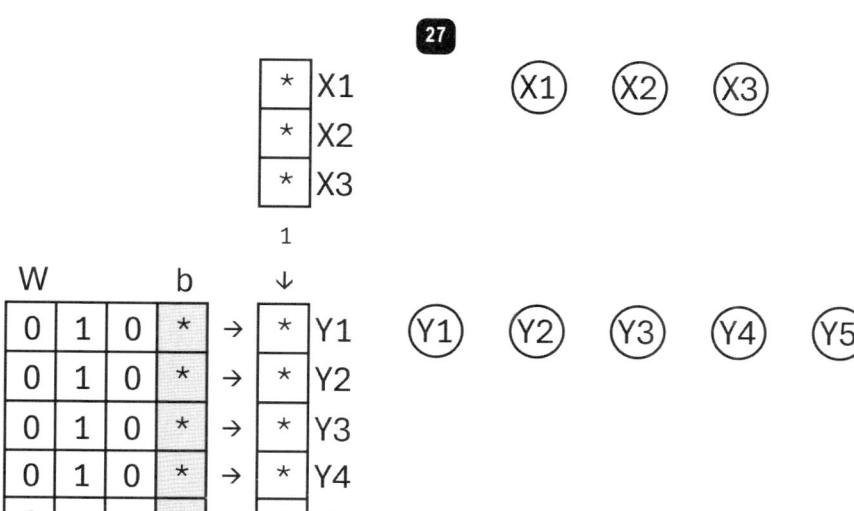

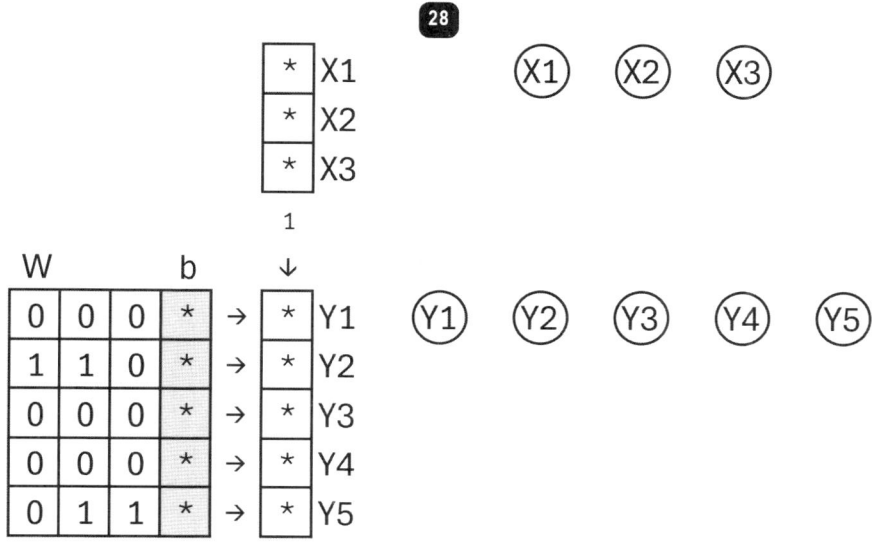

Connection · 73

29

```
    *  X1
    *  X2
    *  X3      (X1)  (X2)  (X3)  (X4)  (X5)
    *  X4
    *  X5
        1
W               b    ↓
[1 1 0 0 0] *  →  * Y1    (Y1)  (Y2)  (Y3)  (Y4)  (Y5)
[0 1 1 0 0] *  →  * Y2
[0 0 1 1 0] *  →  * Y3
[0 0 0 1 1] *  →  * Y4
[0 0 0 0 1] *  →  * Y5
```

30

```
    *  X1
    *  X2
    *  X3      (X1)  (X2)  (X3)  (X4)  (X5)
    *  X4
    *  X5
        1
W               b    ↓
[1 1 0 0 0] *  →  * Y1    (Y1)  (Y2)  (Y3)  (Y4)  (Y5)
[1 1 0 0 0] *  →  * Y2
[0 0 1 0 0] *  →  * Y3
[0 o 0 1 1] *  →  * Y4
[0 0 0 1 1] *  →  * Y5
```

---

29 (X1)(X2)(X3)(X4)(X5) / (Y1)(Y2)(Y3)(Y4)(Y5) **30** (X1)(X2)(X3)(X4)(X5) / (Y1)(Y2)(Y3)(Y4)(Y5)

Chapter 08
Hidden (은닉)

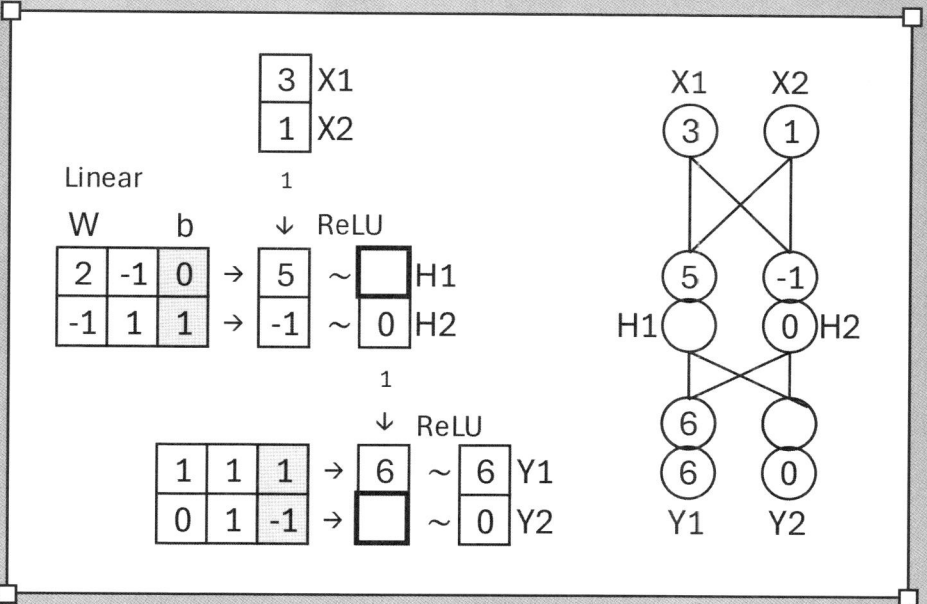

신경망이 입력을 처리하고 특징(Feature)를 추출하는 중간 표현 역할을 은닉이라 한다.

입력층(Input layer)과 출력층(Output layer) 사이에 있는 층으로 외부에서는 직접 볼 수 없기에 "Hidden"이라고 부른다. 은닉층의 뉴런들은 선형 변환과 활성화 함수를 통해 입력을 처리하는데, 층을 여러 개 쌓으면 딥 신경망(Deep Neural Network)이 되며, 각 은닉층은 데이터의 추상적 표현을 학습한다.

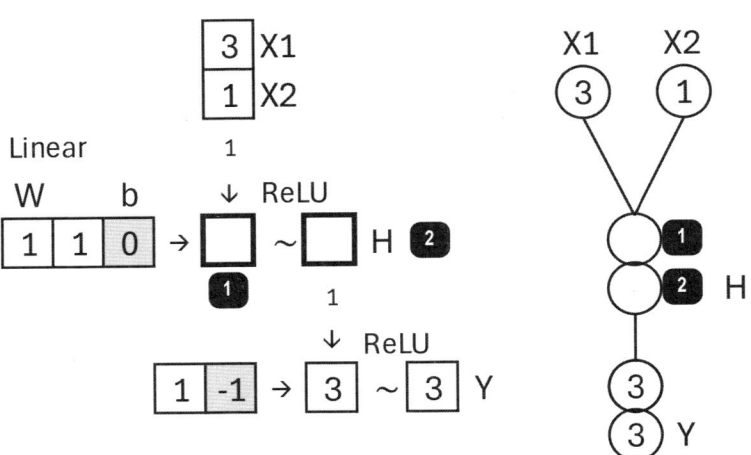

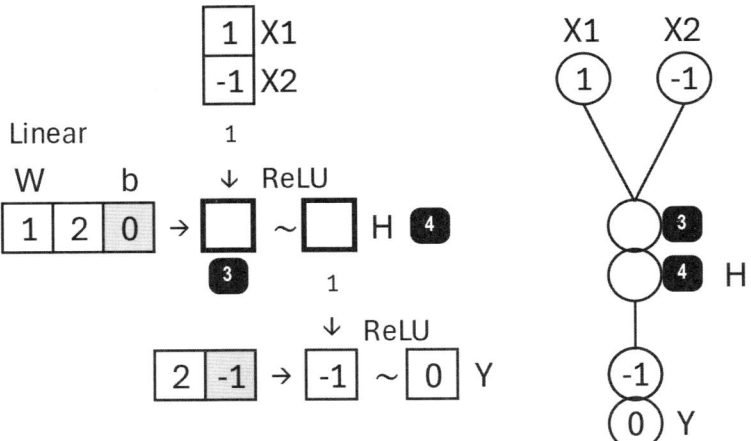

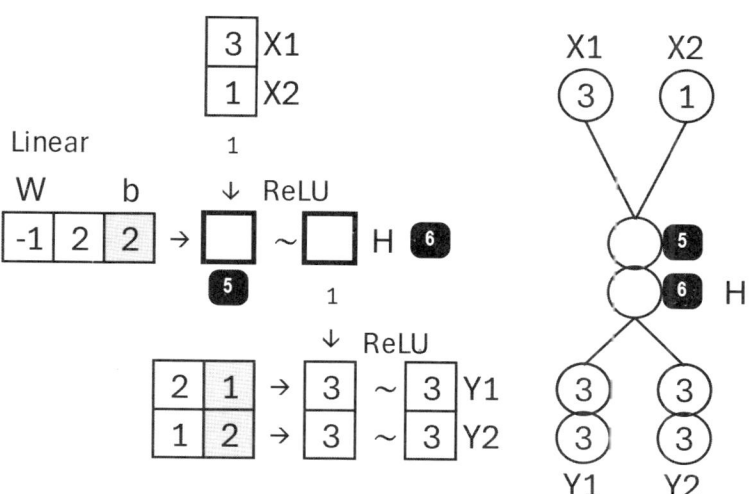

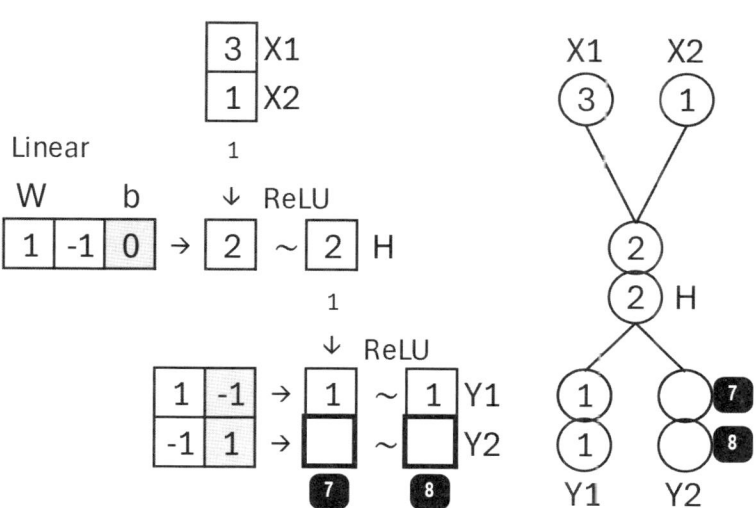

5	6	7	8
1	1	-1	0

Hidden · 77

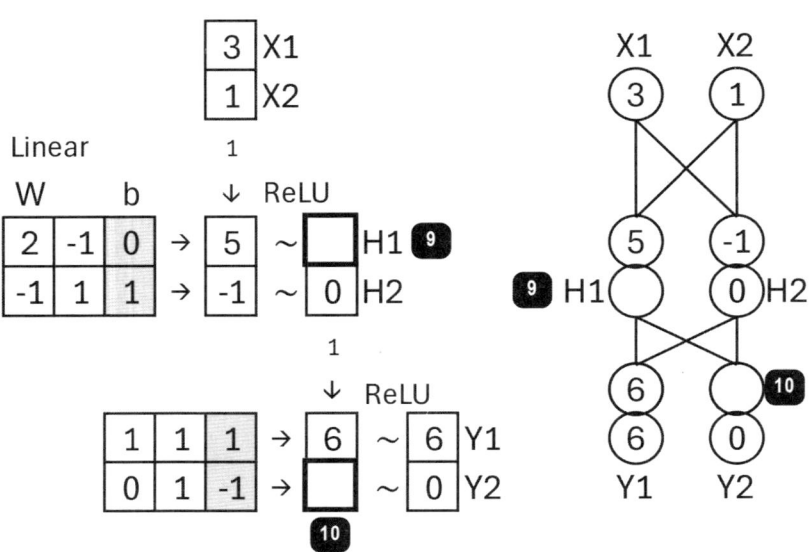
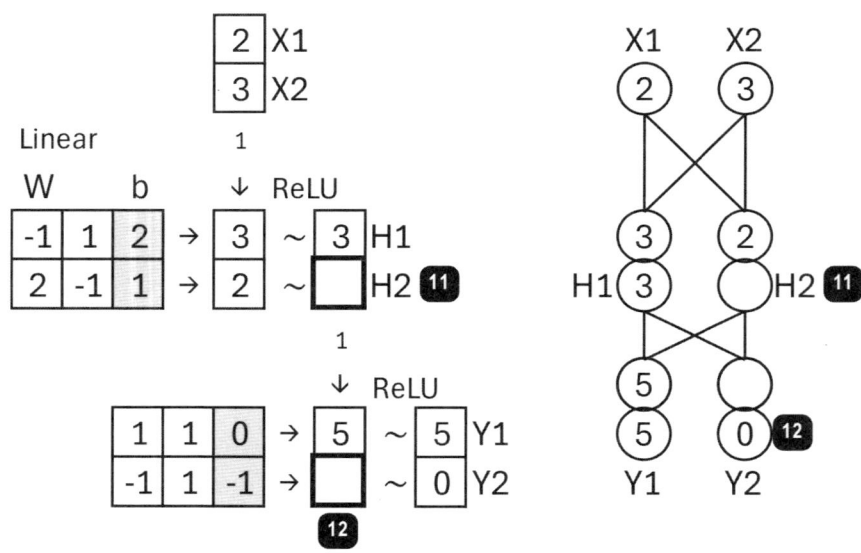

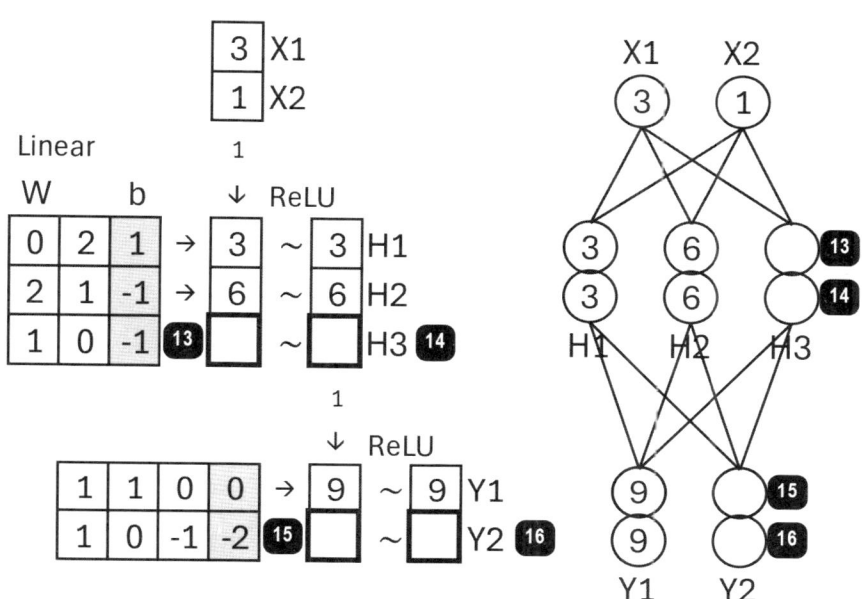

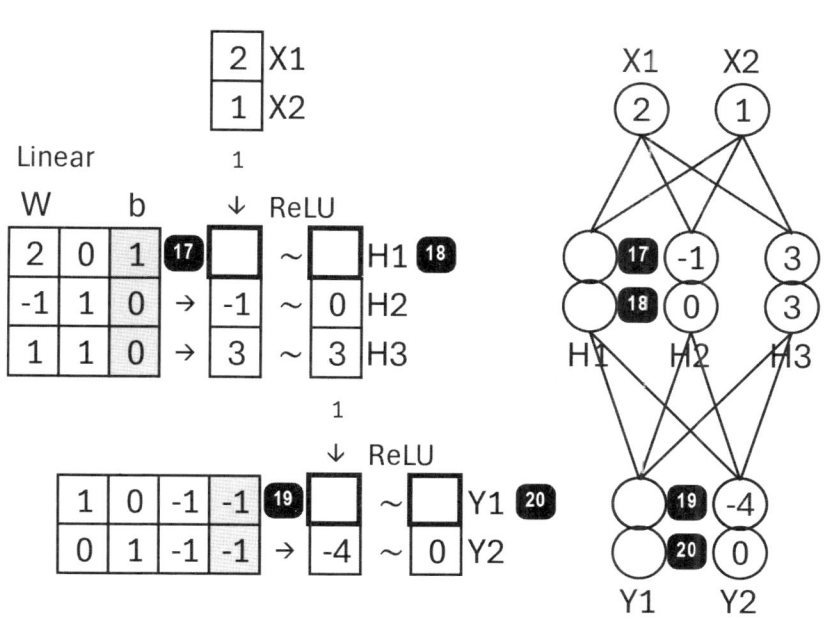

Hidden · 79

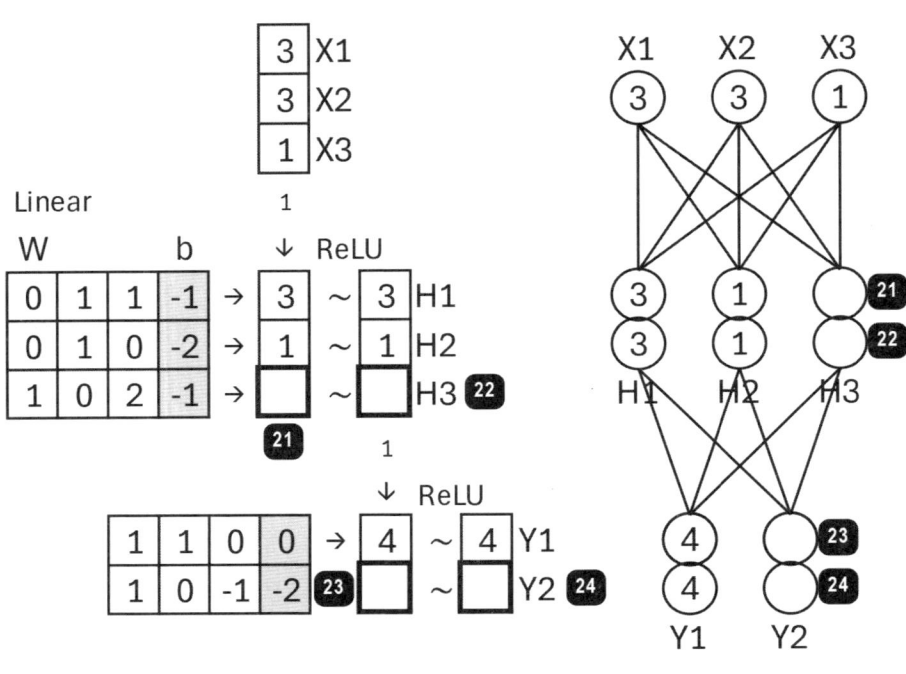
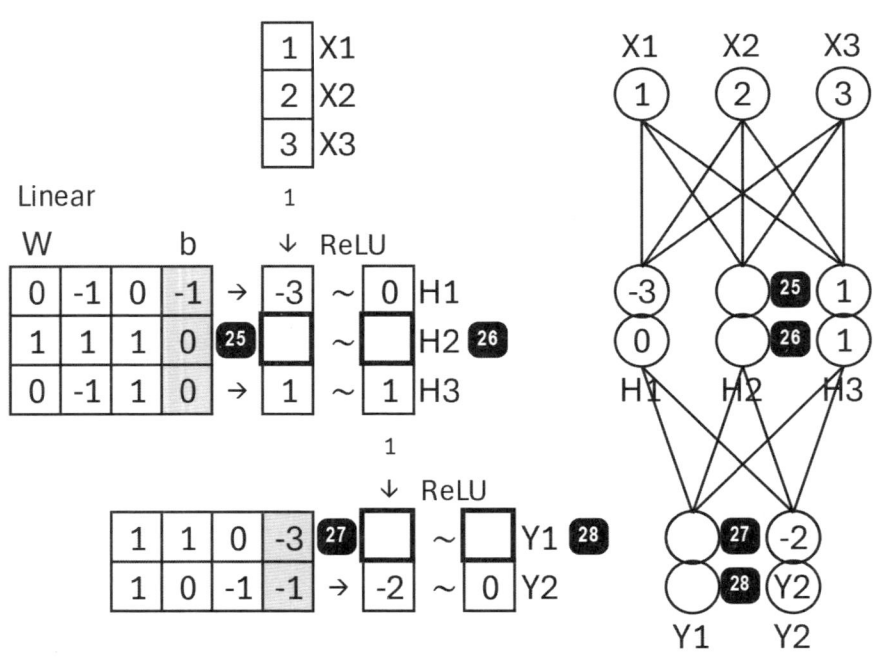

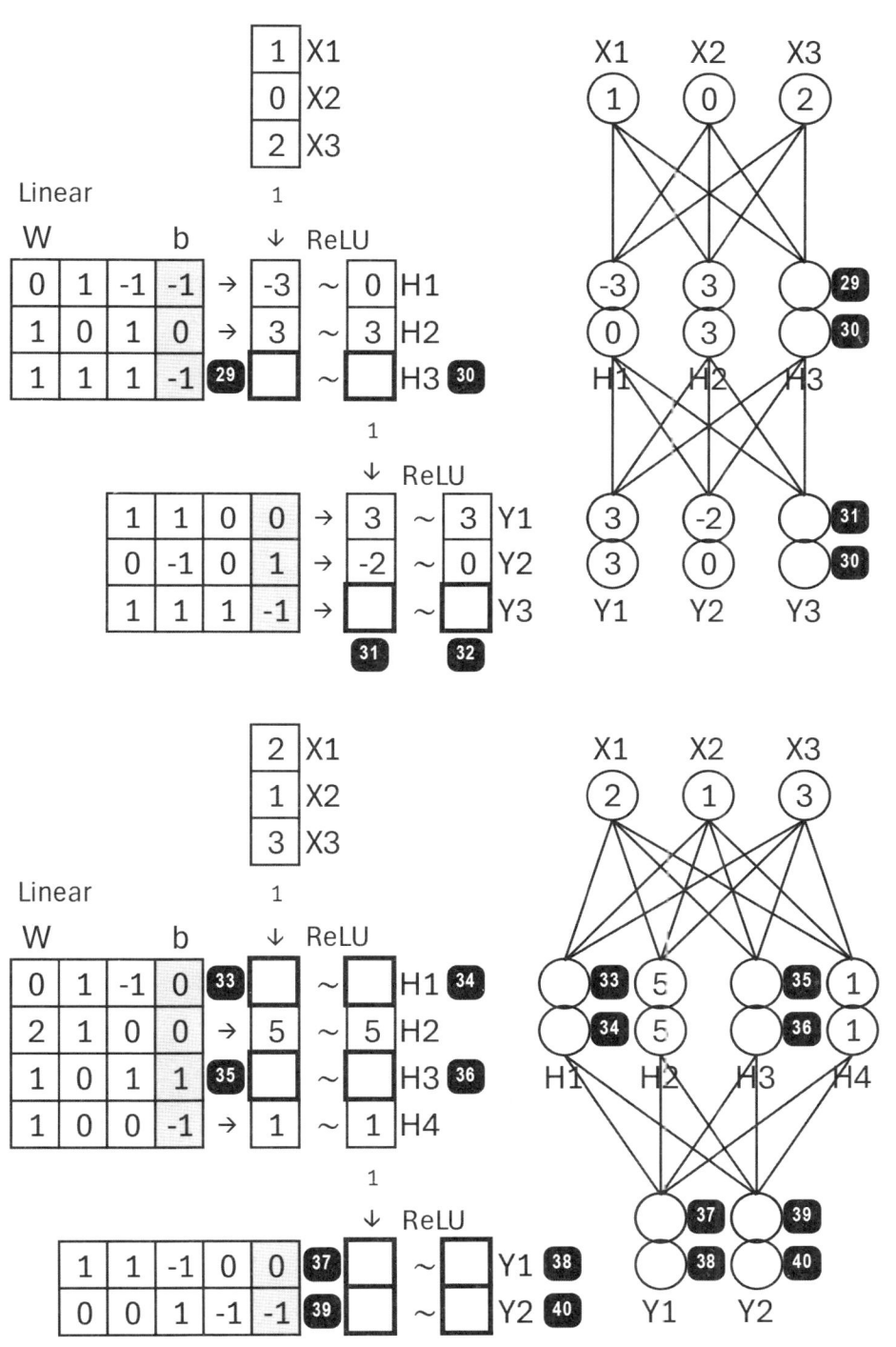

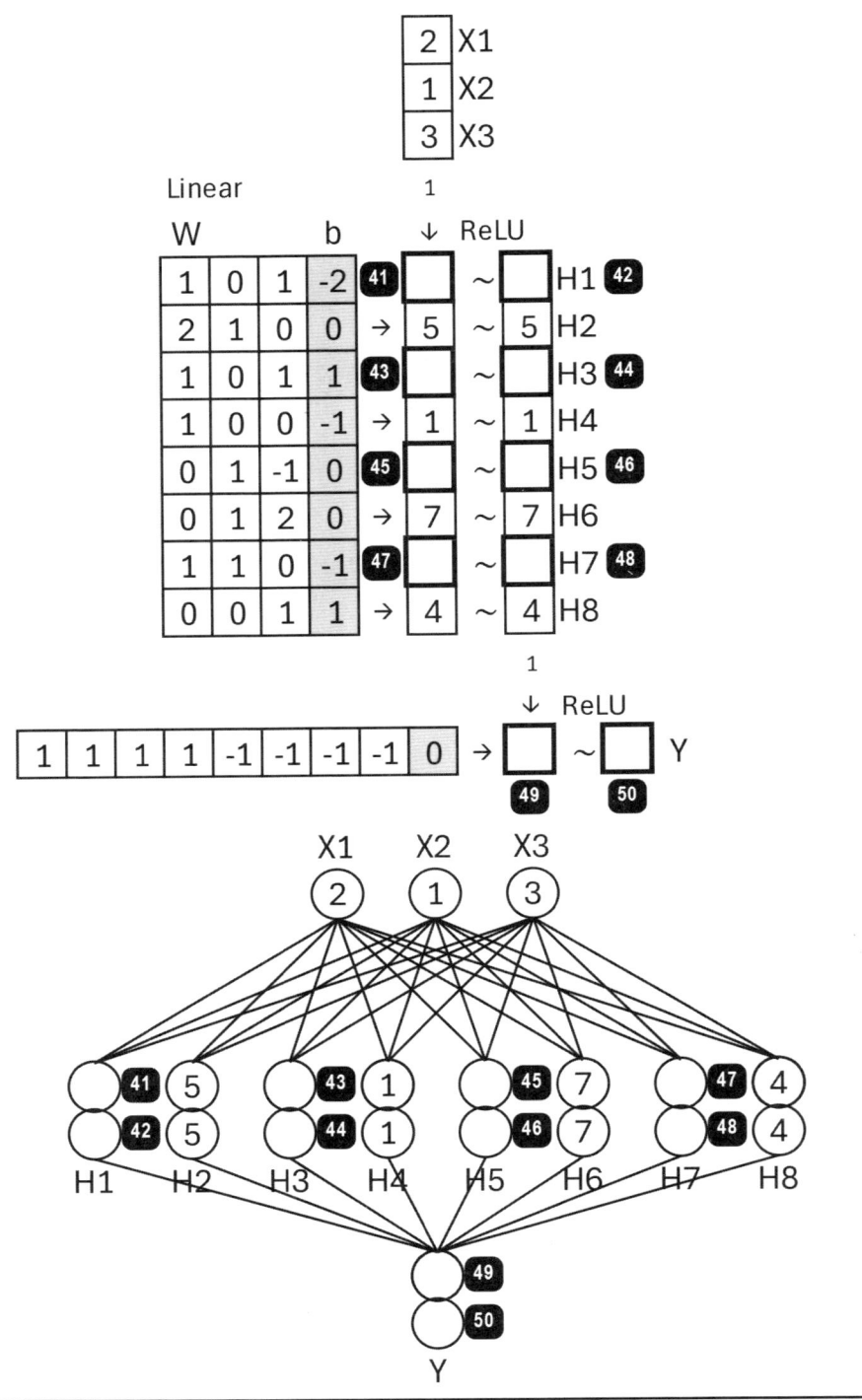

Chapter 09

Deep
(깊이, 은닉층이 많은 신경망)

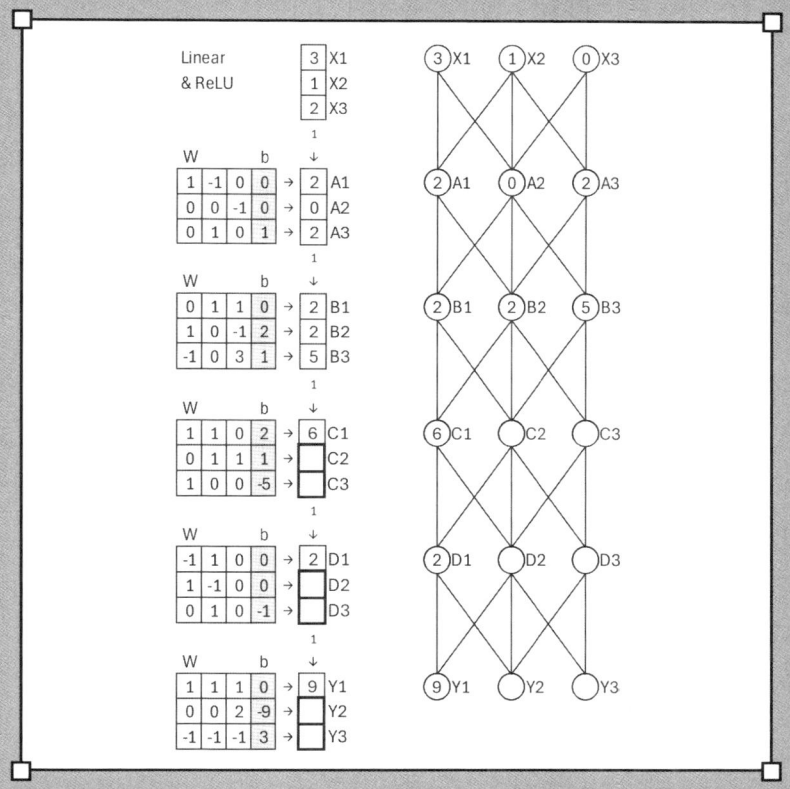

여러 층으로 쌓인 신경망을 의미한다. 층이 많다는 의미를 담고 있으며, 층이 깊어질수록 데이터의 특징을 점점 더 추상적이고 복잡하게 표현할 수 있다. 얕은 신경망보다 더 복잡한 함수와 패턴을 학습할 수 있게 하므로 모델의 표현력이 증가하지만, 층이 많아질수록 파라미터 수와 연산량이 증가하므로 계산량 및 학습 난이도가 증가해 학습이 어려워질 수 있다. 따라서 Batch Normalization, Redisual Connection 같은 기술 등이 사용되기도 한다.

Linear	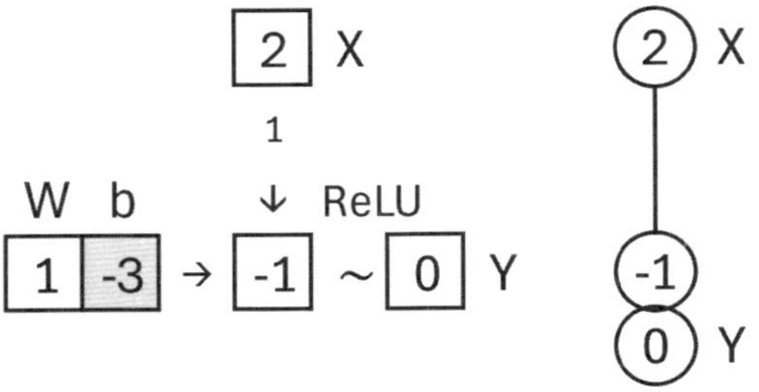 $\boxed{2}$ X 1 W b ↓ ReLU $\boxed{1\mid-3}$ → $\boxed{-1}$ ~ $\boxed{0}$ Y	②X | ㊀ ㊀Y
Linear & ReLU	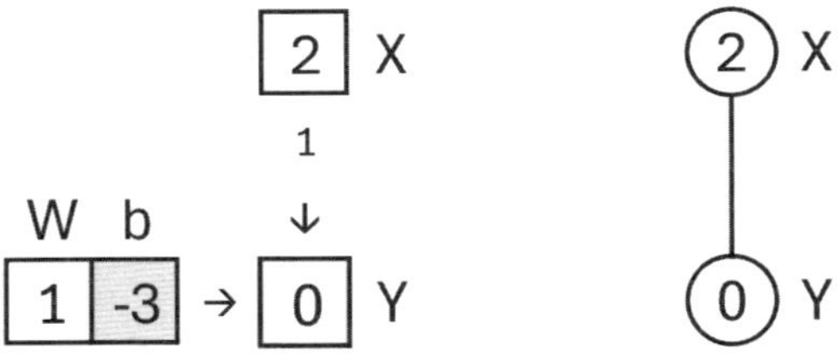 $\boxed{2}$ X 1 W b ↓ $\boxed{1\mid-3}$ → $\boxed{0}$ Y	②X | ⓪Y
Linear & ReLU	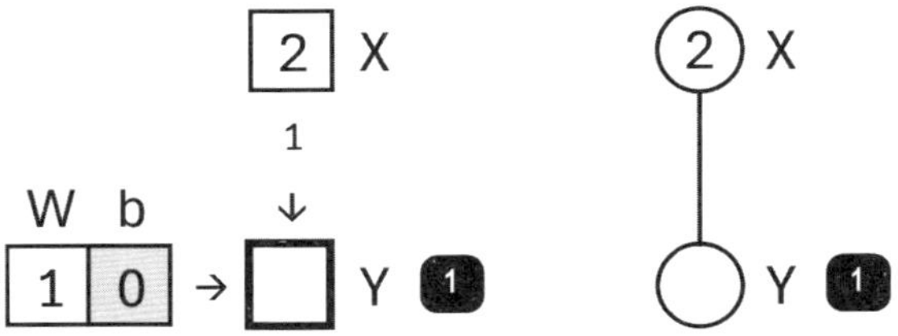 $\boxed{2}$ X 1 W b ↓ $\boxed{1\mid 0}$ → $\boxed{}$ Y ■1	②X | ○Y ■1
Linear & ReLU	$\boxed{3}$ X 1 W b ↓ $\boxed{1\mid 0}$ → $\boxed{3}$ A 1 W b ↓ $\boxed{2\mid 0}$ → $\boxed{}$ Y ■2	③X | ③A | ○Y ■2

84 · Deep

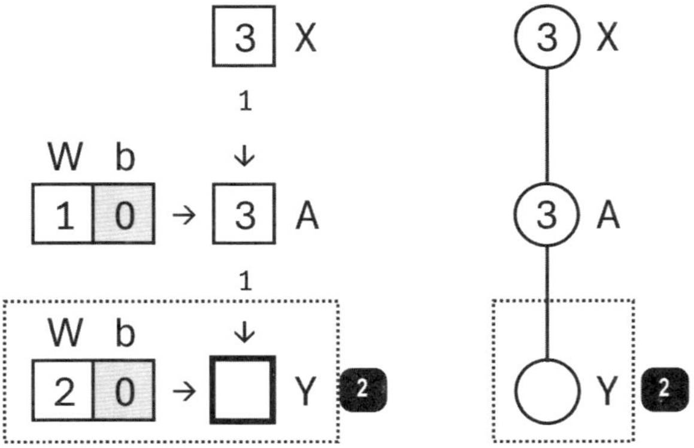

Linear & ReLU

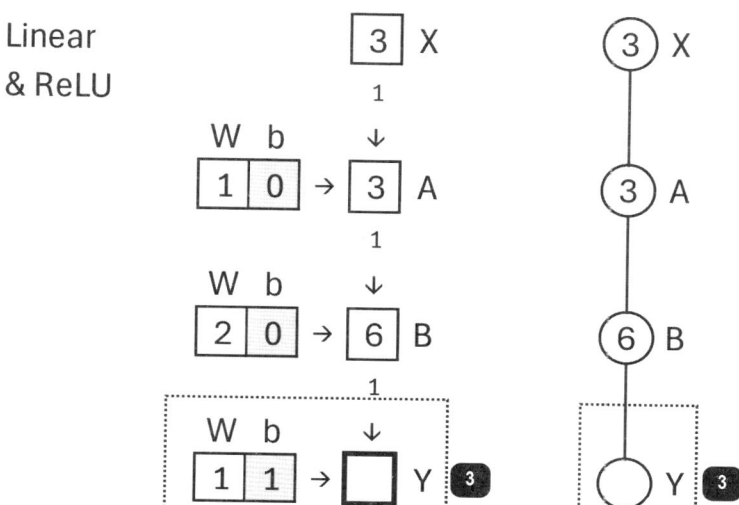

Linear & ReLU

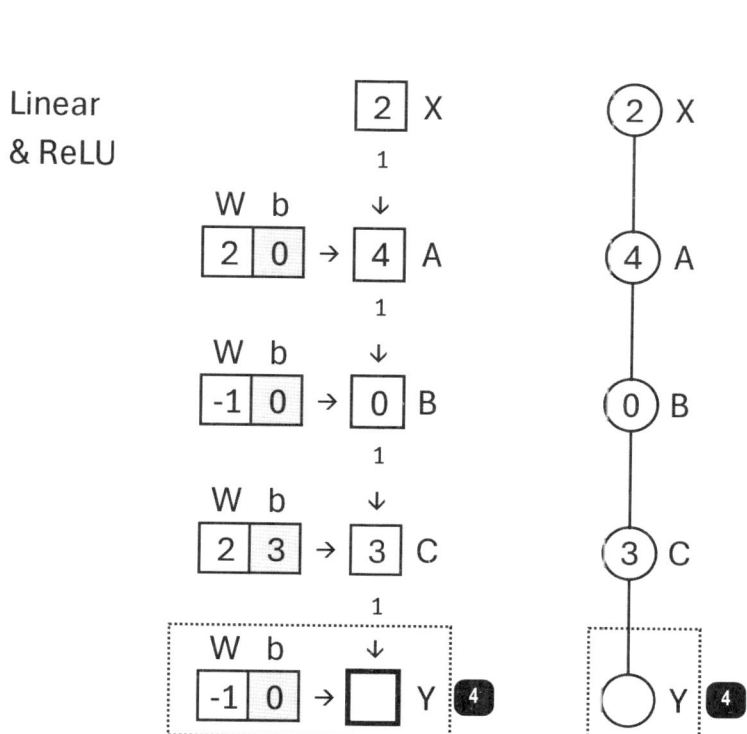

Linear & ReLU

	5	6	7	8	9
	4	0	4	6	7

Linear & ReLU

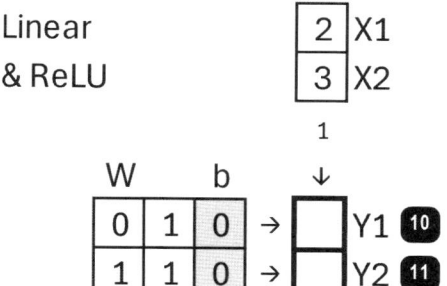
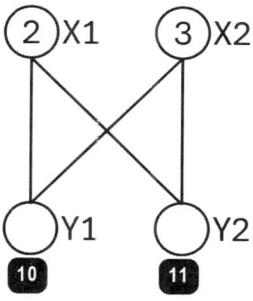

Linear & ReLU

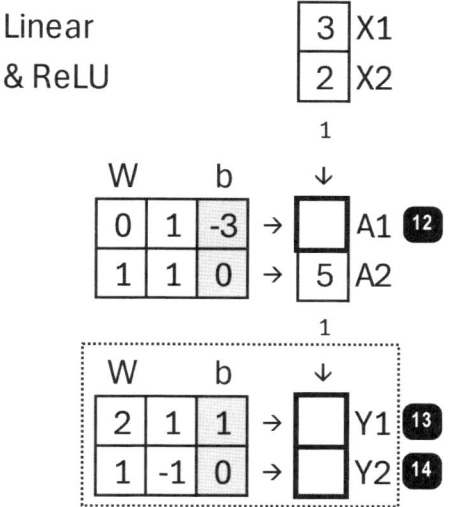
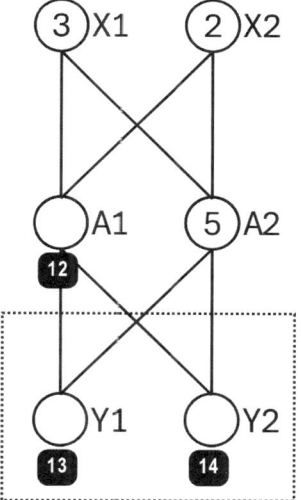

10	11	12	13	14
3	5	0	6	0

Deep · 87

Linear & ReLU

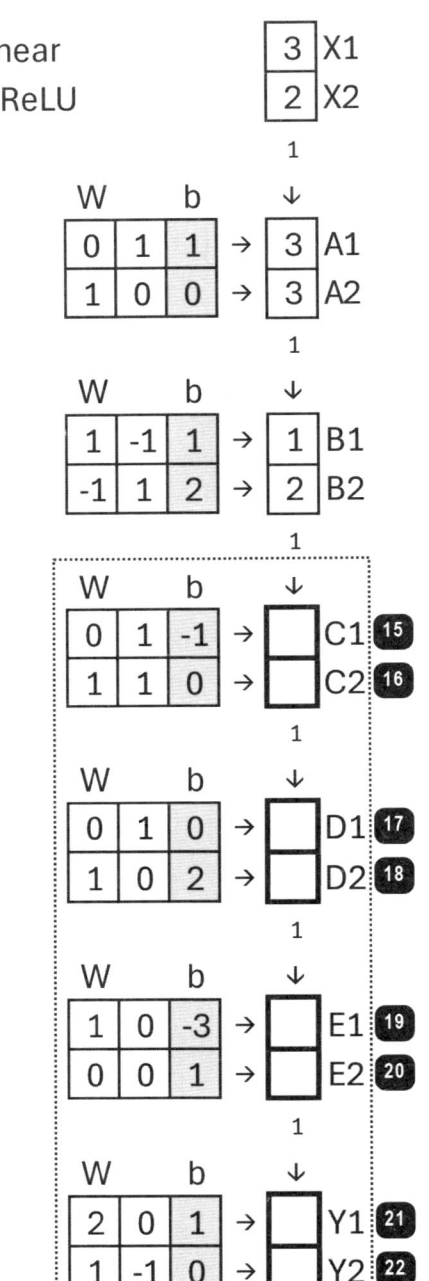
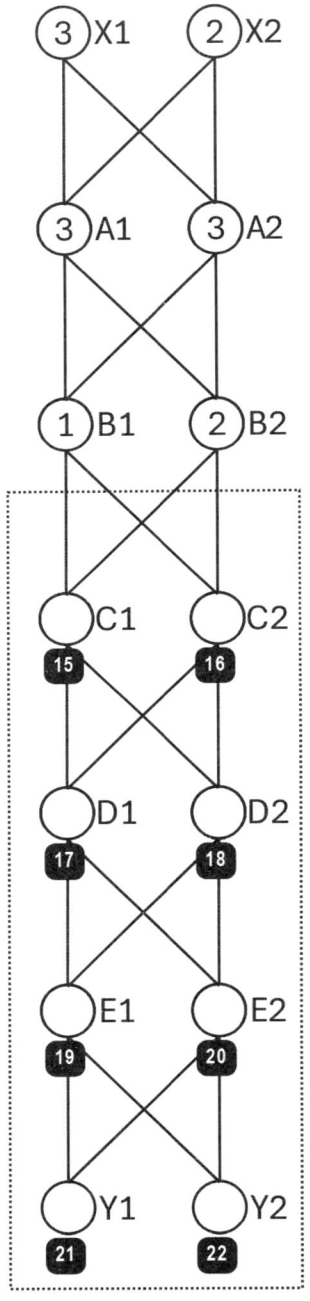

Linear & ReLU

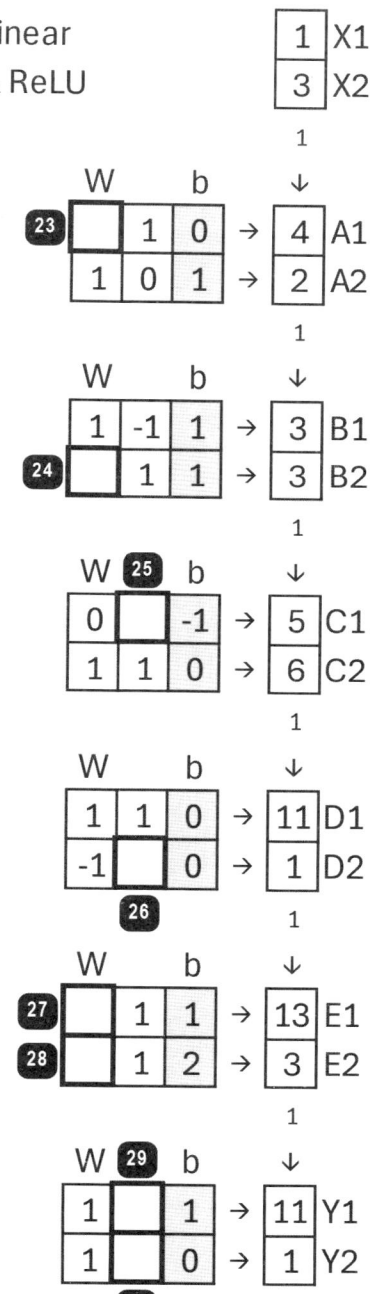
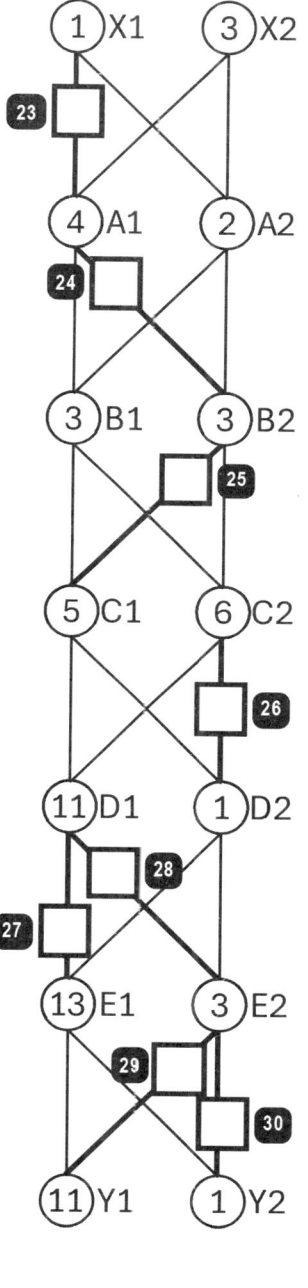

23	24	25	26	27	28	29	30
1	0	2	1	1	0	-1	-4

Deep · 89

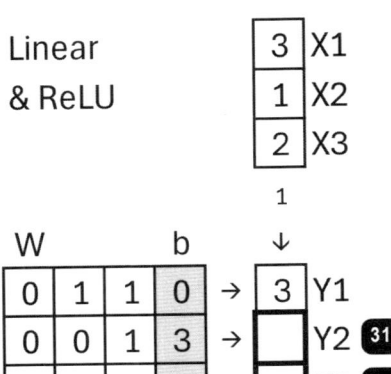
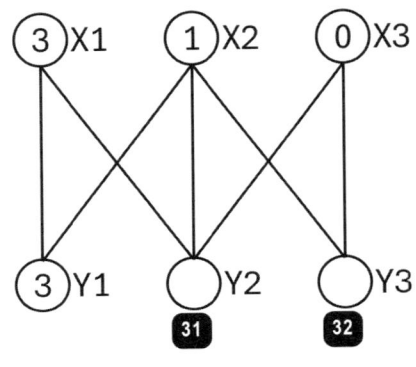

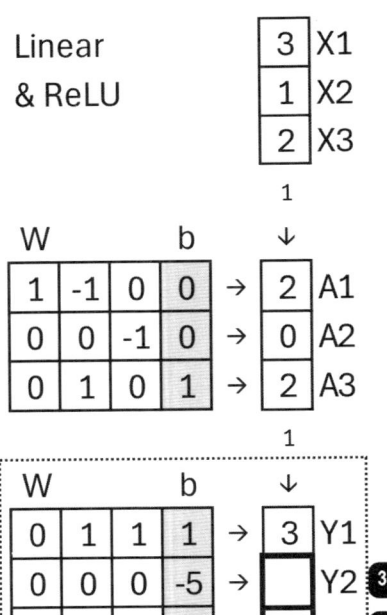
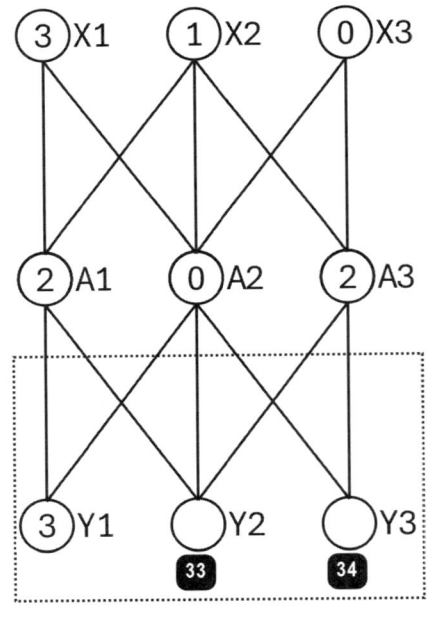

Linear & ReLU

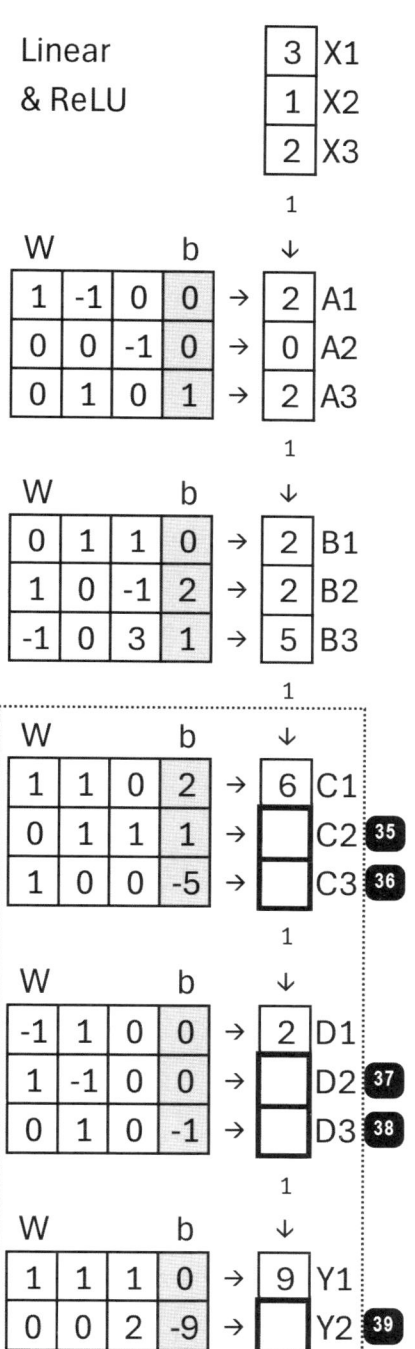
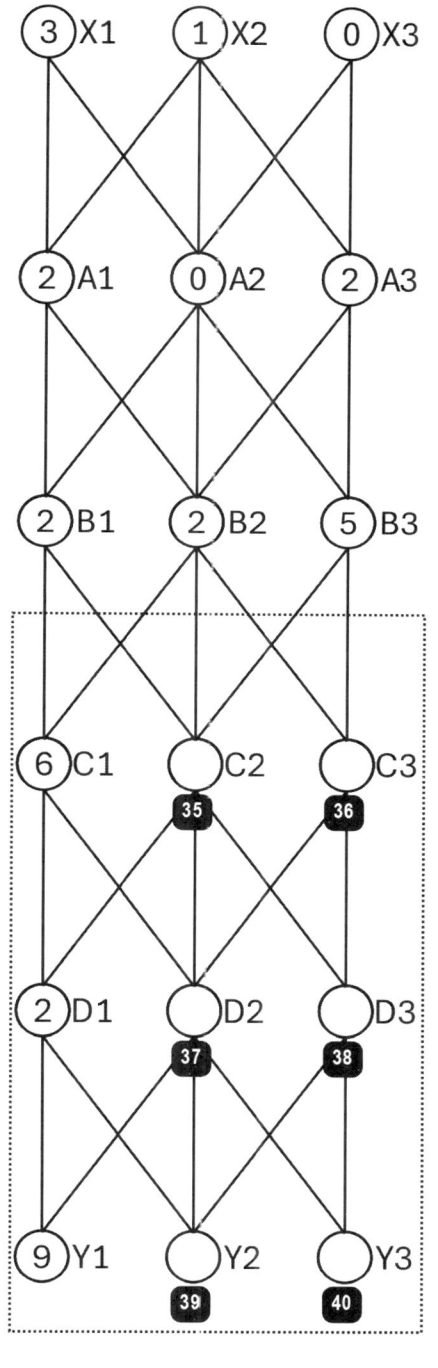

Linear
& ReLU

3	X1
1	X2
2	X3

1
↓

W			b			
1	0	1	-1	→		A1 41
0	1	-1	-2	→	0	A2
1	-1	0	-3	→		A3 42

1
↓

W			b			
0	1	1	0	→	0	B1
1	0	-1	2	→		B2 43
-1	0	3	1	→		B3 44

1
↓

W			b			
0	0	0	2	→		C1 45
0	1	1	-2	→		C2 46
1	1	1	1	→	7	C3

1
↓

W			b			
47	1	0	0	→	2	D1
1	-1	0	3	→	1	D2
0	1	48	-1	→	3	D3

1
↓

W			b			
1	2	-1	-4	→	0	Y1
49	0	1	0	→	5	Y2
1	50	1	3	→	8	Y3

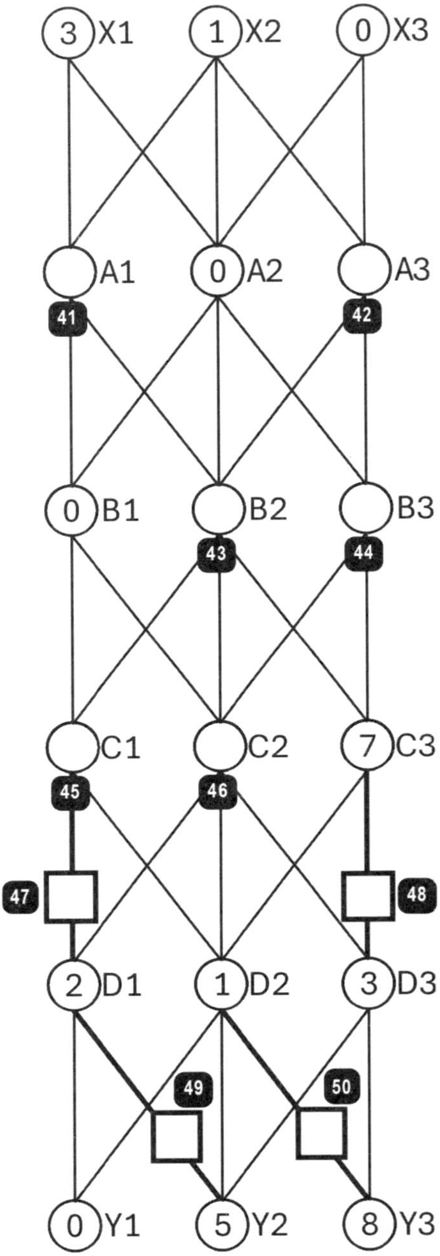

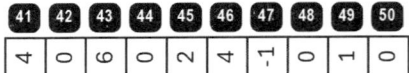

41	42	43	44	45	46	47	48	49	50
4	0	6	0	2	4	-1	0	1	0

Chapter 10
Wide
(너비, 뉴런 수가 많은 층)

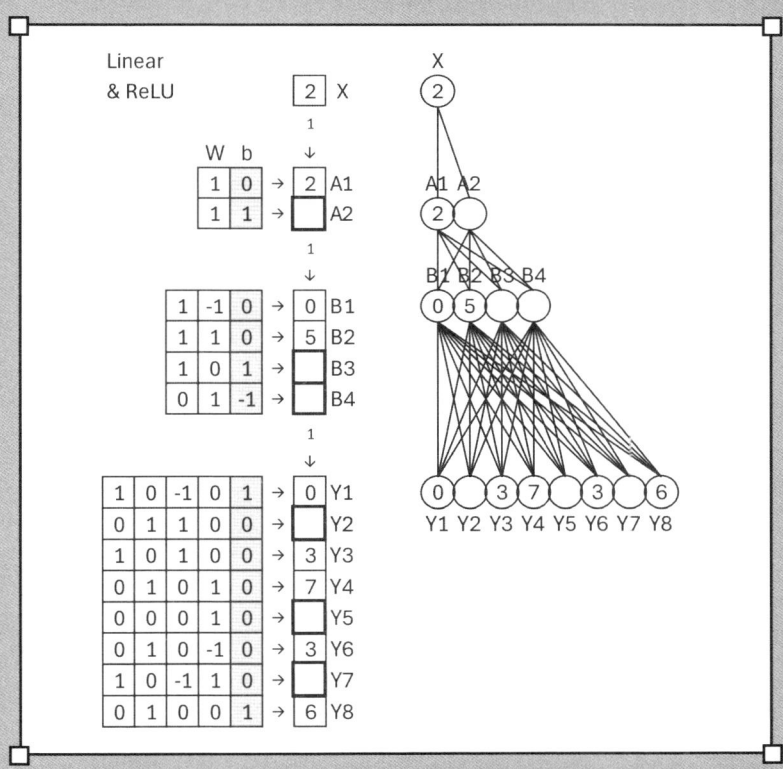

층의 표현력과 깊은 관련이 있으며, 예를 들어 은닉층에 1024개의 뉴런이 있다면 128개 뉴런이 있는 층보다 더 wide하다고 말할 수 있다. 한 층에서 더 많은 특징을 학습할 수 있게 하며, 뉴런 수가 많을수록 가중치(Weight) 수가 증가해 학습과 추론 연산이 많아진다. Wide network는 한 층이 넓은 것으로 층이 여러 개 쌓여있는 깊이(Depth, deep network)와 대비되는데, 둘 다 모델의 표현력을 높이는 방법이지만 접근 방식이 다르다.

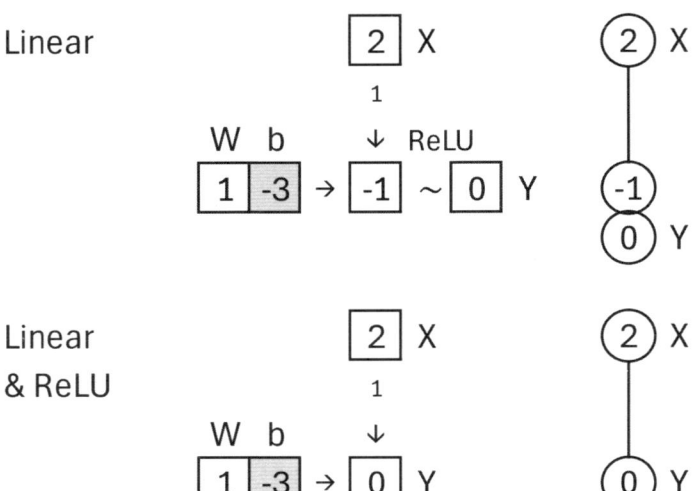

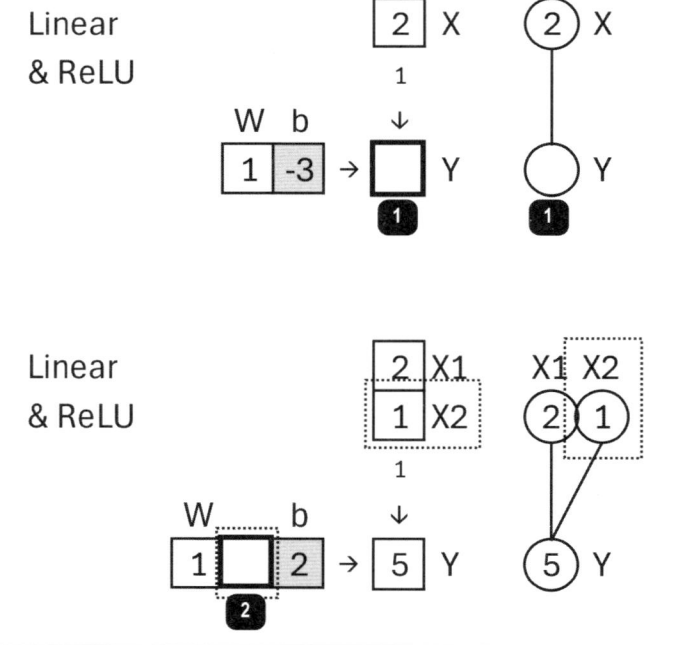

94 · Wide

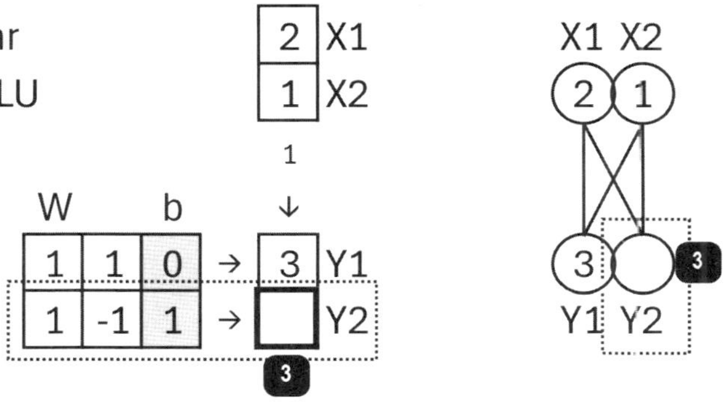

Linear & ReLU

Linear & ReLU (2→2)

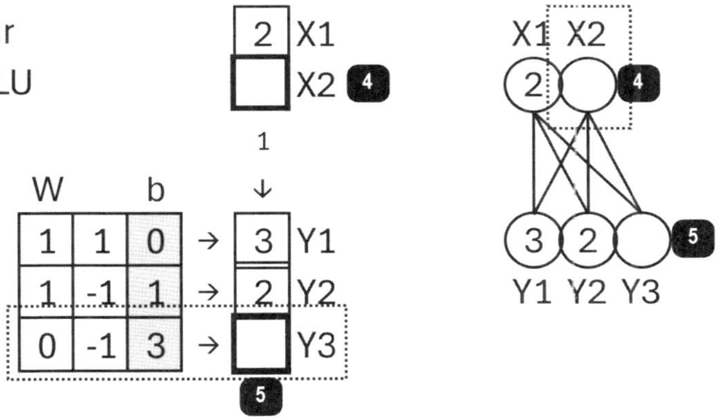

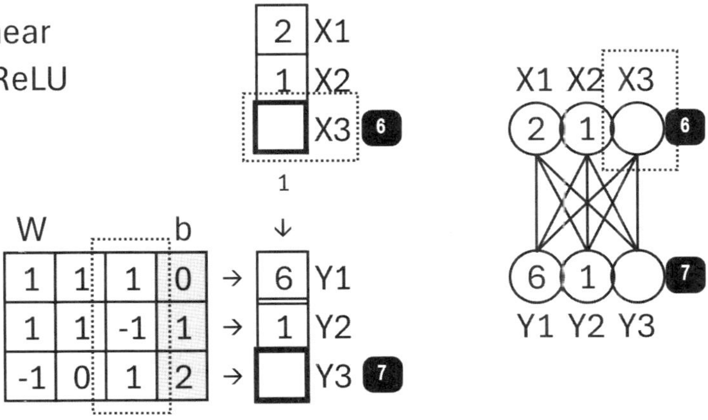

W		b		
1	1	0	→	3 Y1
1	-1	1	→	☐ Y2

X1 = 2, X2 = 1 → Y1 = 3, Y2 = **3**

Linear & ReLU (2→3)

W		b		
1	1	0	→	3 Y1
1	-1	1	→	2 Y2
0	-1	3	→	☐ Y3

X1 = 2, X2 = **4** → Y1 = 3, Y2 = 2, Y3 = **5**

Linear & ReLU (3→3)

W			b		
1	1	1	0	→	6 Y1
1	1	-1	1	→	1 Y2
-1	0	1	2	→	☐ Y3 **7**

X1 = 2, X2 = 1, X3 = **6** → Y1 = 6, Y2 = 1, Y3 = **7**

Wide · 95

Linear & ReLU

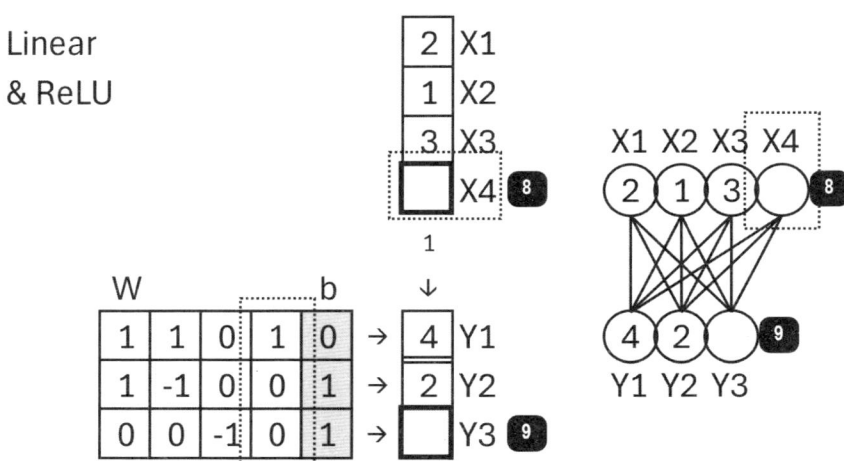

Linear & ReLU

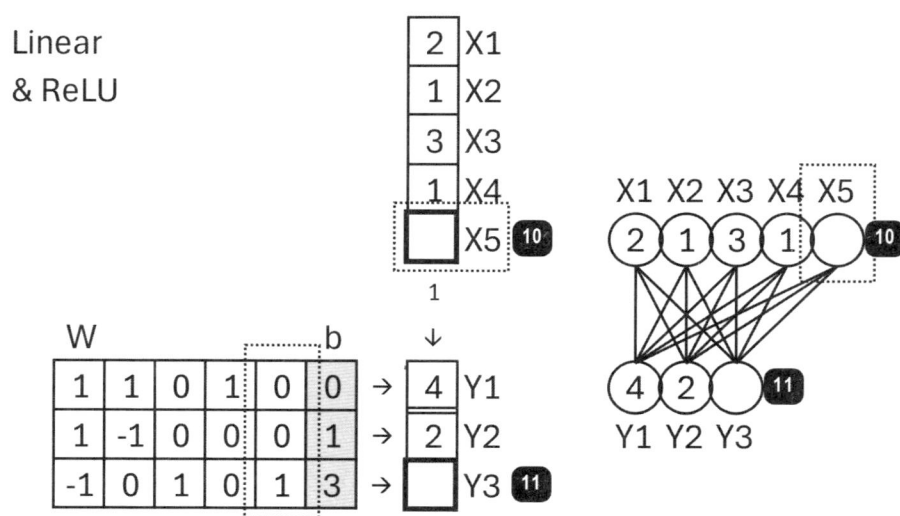

Linear & ReLU

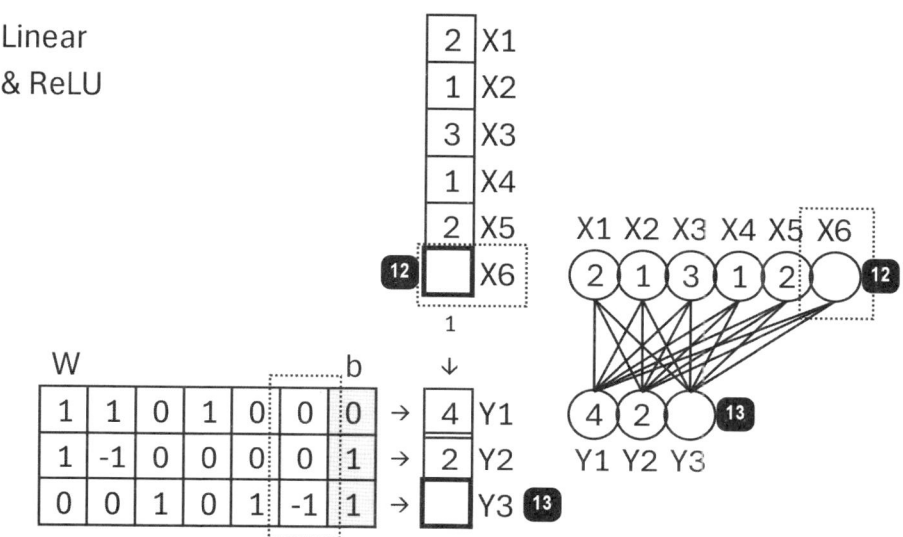

Linear & ReLU

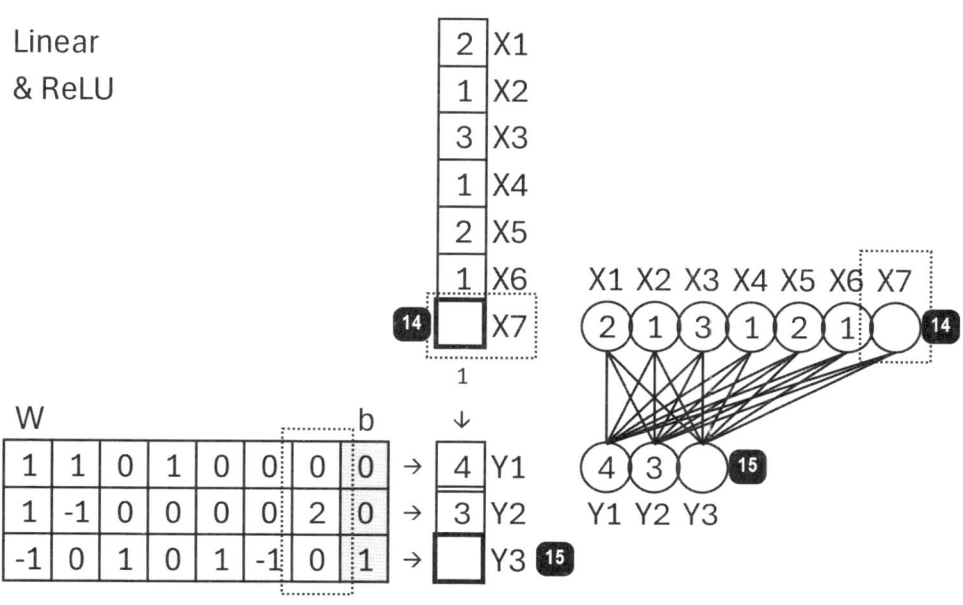

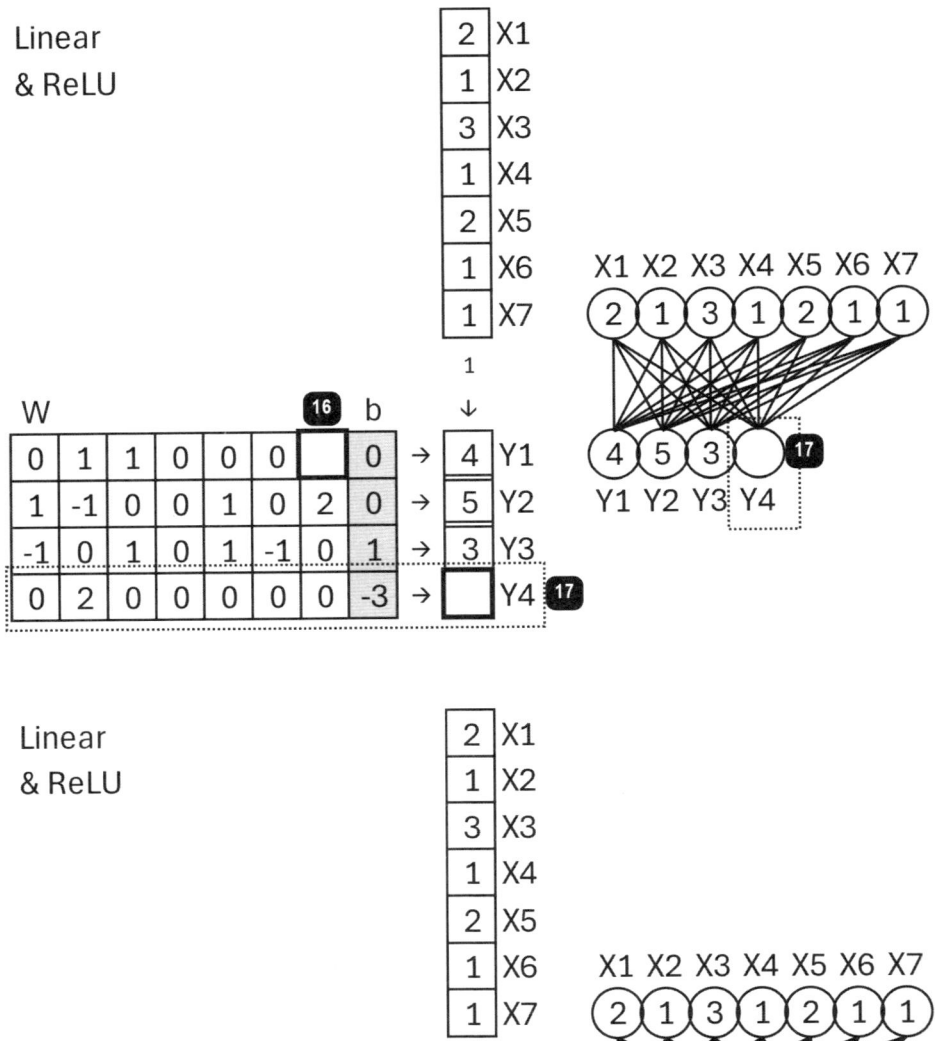

Wide · 99

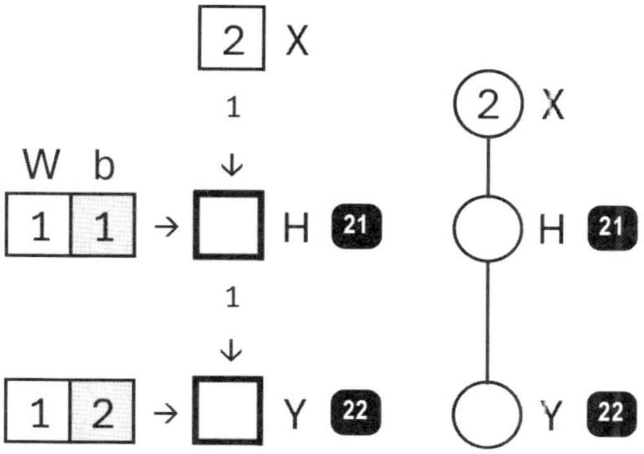

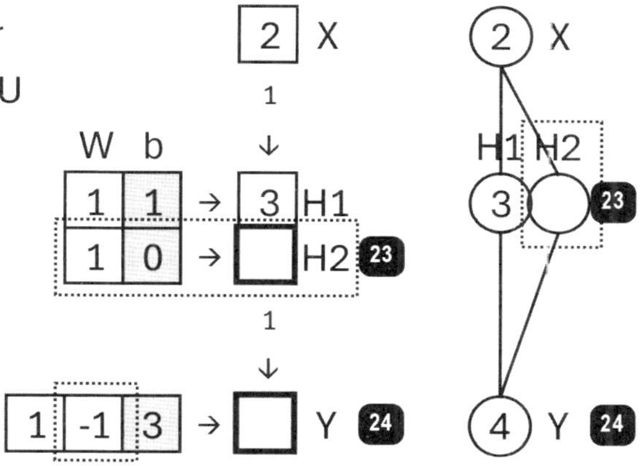

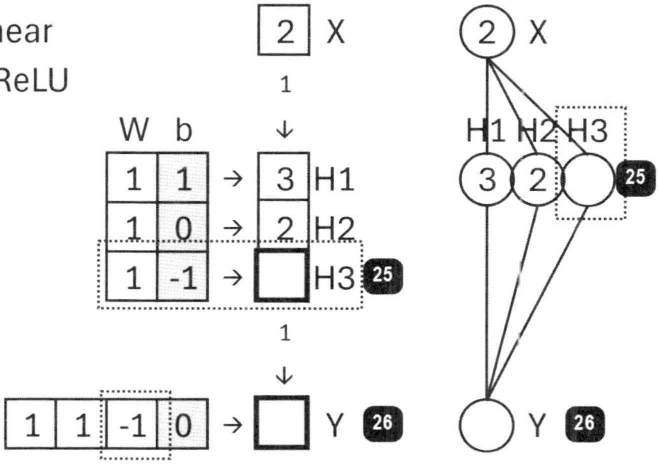

Linear & ReLU

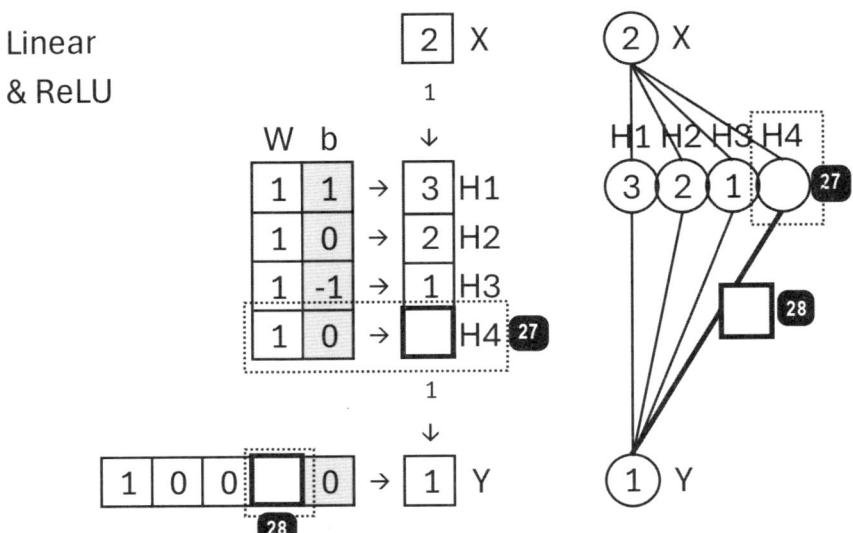

Linear & ReLU

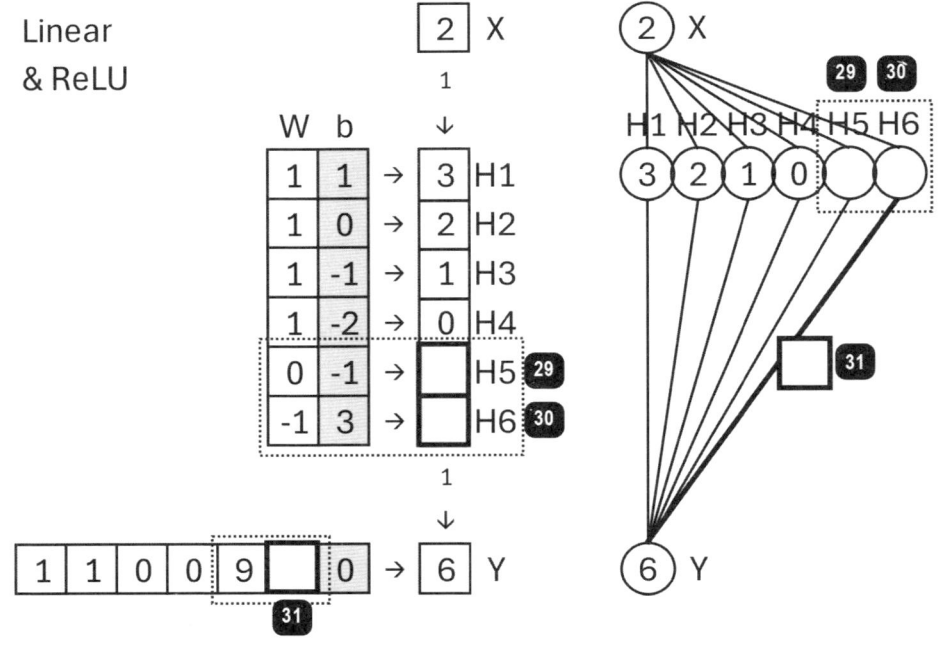

Linear & ReLU

(First network)

X1 = 2, X2 = [32]

W | b:
| 1 | 0 | 1 | → 3 H1
| 0 | 1 | 0 | → 1 H2
| 0 | -1 | 2 | → 1 H3
| -1 | 1 | 0 | → [33] H4
| 1 | 0 | -1 | → 1 H5
| 1 | [34] | 0 | → 5 H6

| 1 | 0 | 0 | 0 | 0 | [35] | 0 | → 8 Y

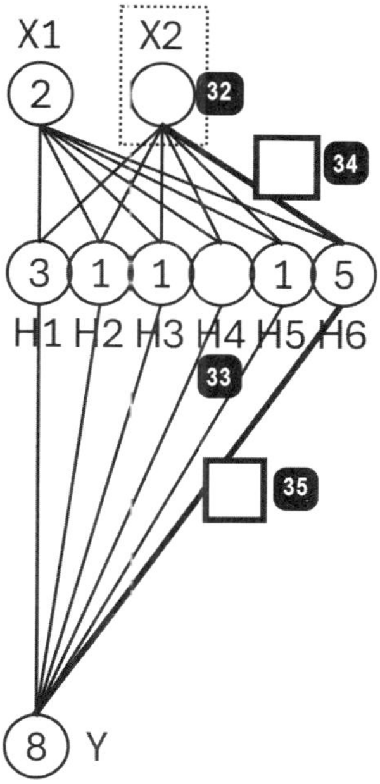

Linear & ReLU

(Second network)

X1 = 2, X2 = 1

W | b:
| 1 | 0 | 1 | → 3 H1
| 0 | 1 | 0 | → 1 H2
| 1 | 1 | 1 | → 4 H3
| 1 | -1 | 1 | → 2 H4
| 1 | 0 | -2 | → [36] H5
| -1 | 0 | 3 | → [37] H6

| 1 | 1 | 0 | 1 | 0 | 1 | 0 | → 7 Y1
| 0 | 0 | 1 | 0 | -1 | 0 | 1 | → [38] Y2

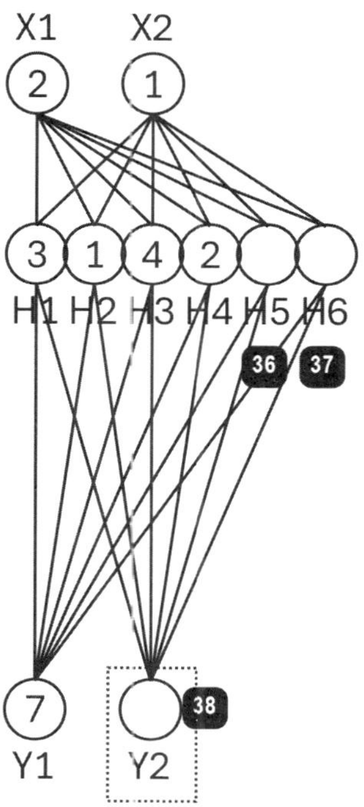

32	33	34	35	36	37	38
1	0	3	1	0	1	5

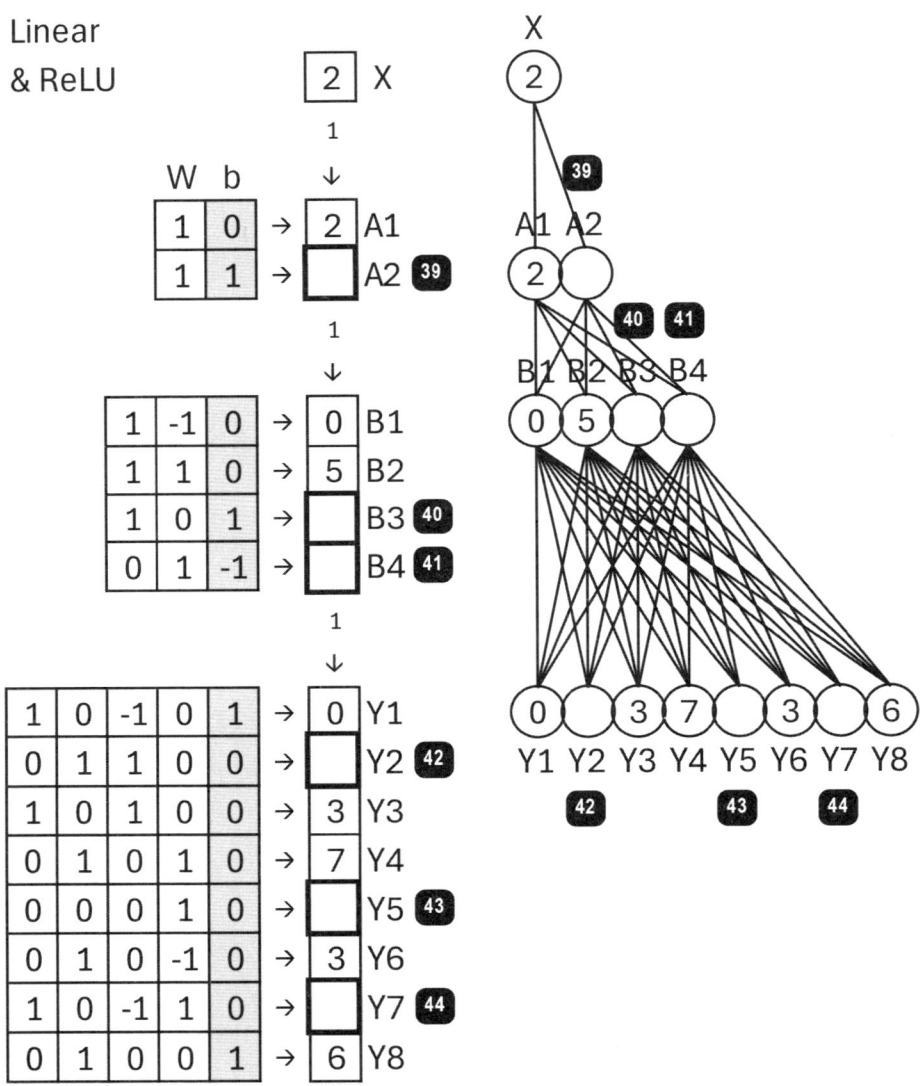

Linear & ReLU

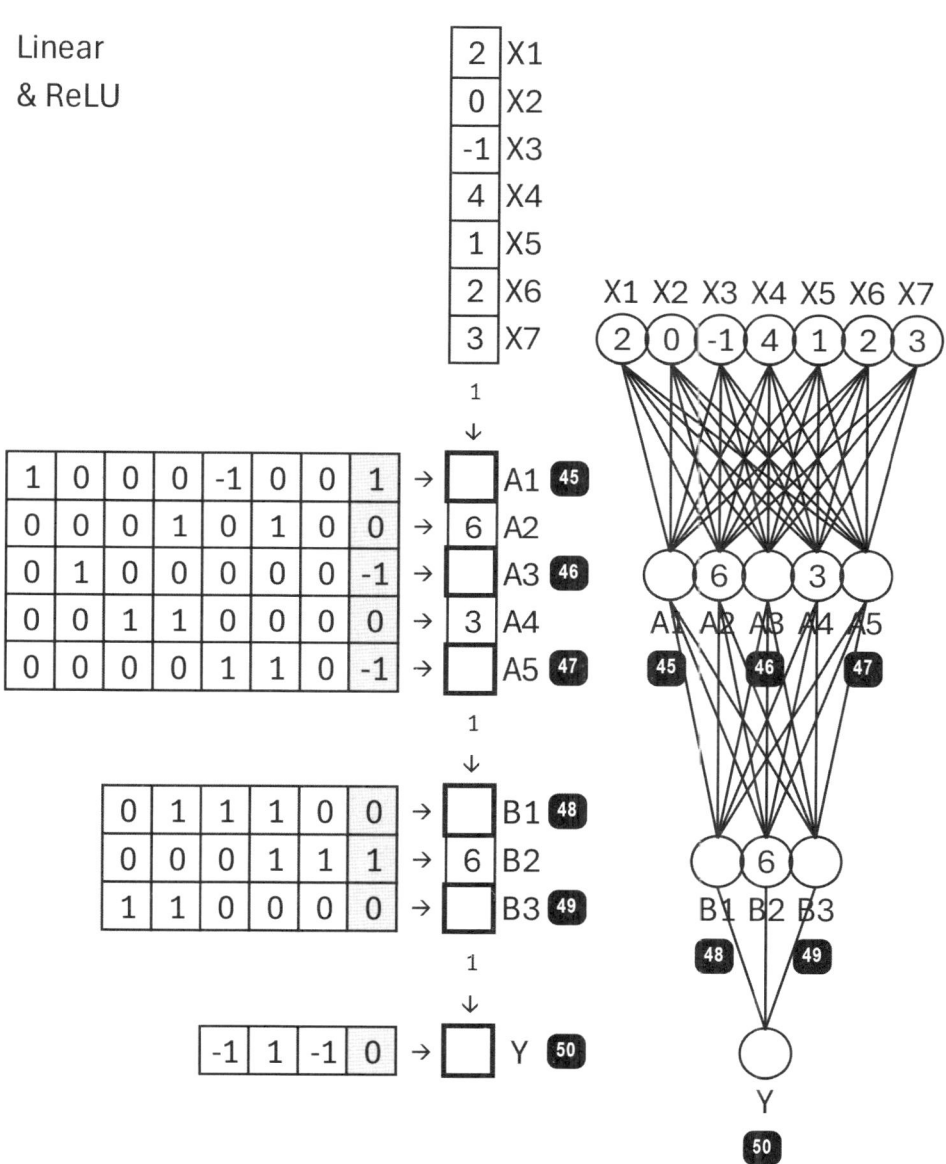

Wide · 103

Deep Learning
Math Workbook

Chapter 11
Softmax
(소프트맥스 함수 또는 확률 분포화 함수)

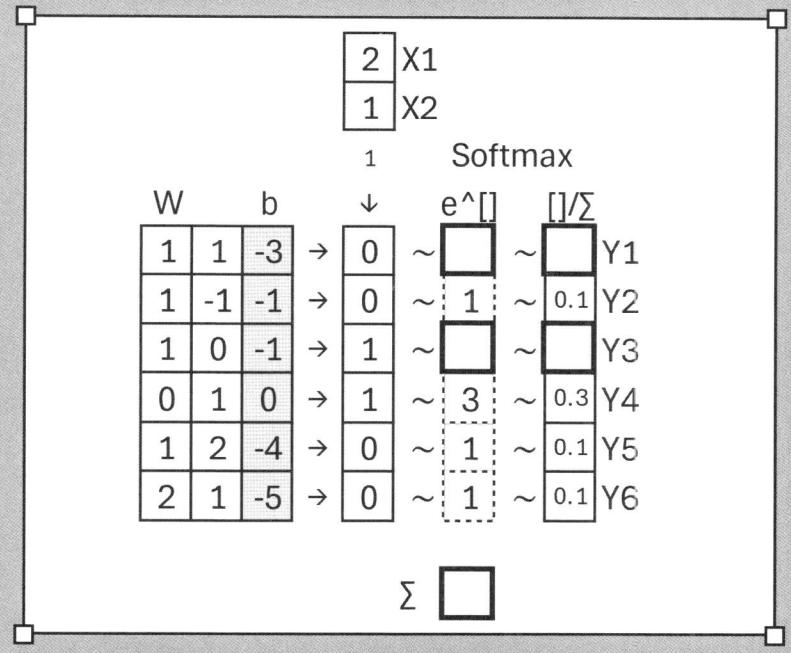

활성화 함수 중 하나로, 모델이 어떤 클래스가 정답일지에 대해 얼마나 자신이 있는지 나타내는 값을 확률처럼 변환한 것이다. 여러 데이터 값(벡터)을 받아서 모두 0~1 사이의 값(확률)으로 변환하고, 합이 1이 되도록 정규화하여 확률 분포로 바꾼다. 주로 다중클래스 분류(Multi-Class Classification)에서 마지막 출력층에 필수적으로 사용된다. 출력을 확률로 해석할 수 있게 하지만, 확률이 높다고 해서 반드시 정답인 것은 아니고 모델의 신뢰도를 나타낸다. 실무적 관점에서 보통 추론 결과는 확률이 가장 높은 클래스를 선택하지만, 확률 자체를 평가 지표로 활용할 수도 있으며, Threshold를 두고 신뢰도가 그보다 낮을 경우 알 수 없음으로 처리할 수도 있다.

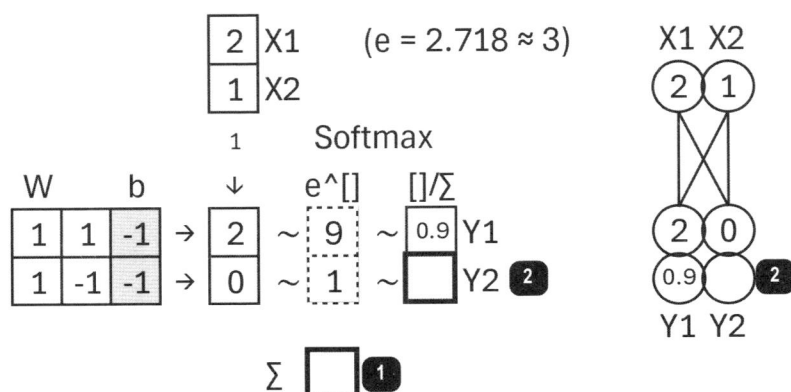
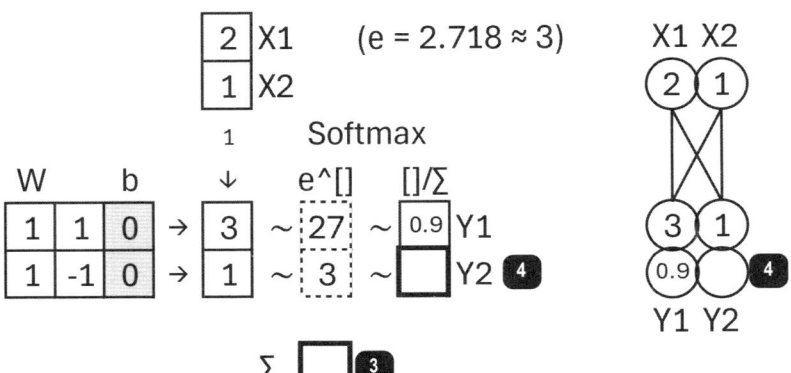
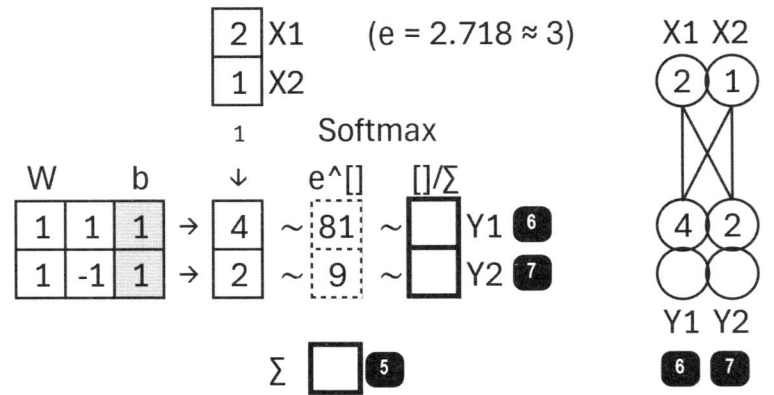

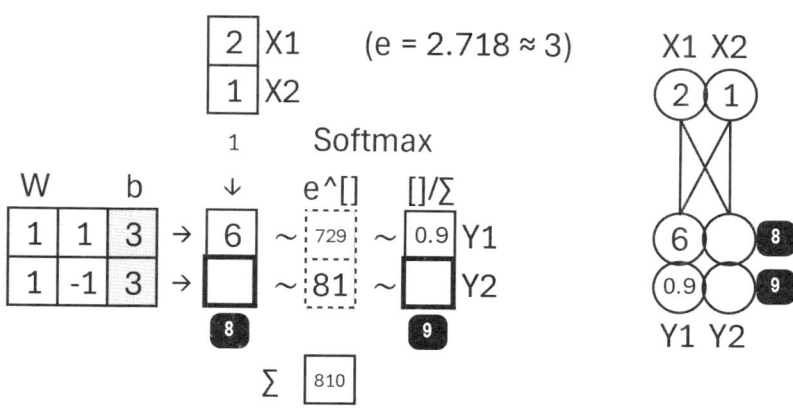

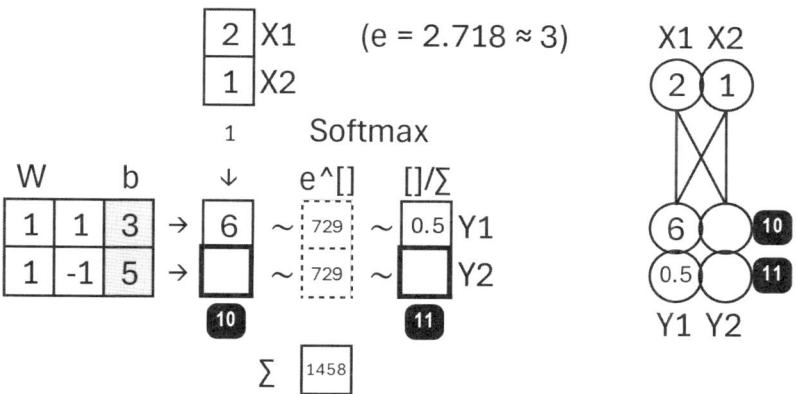

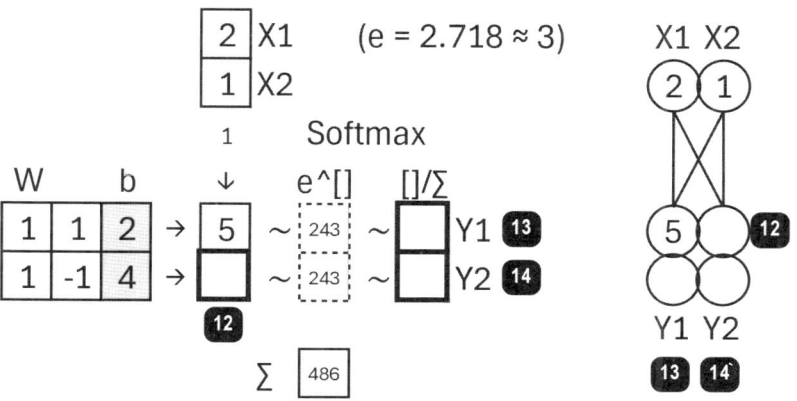

Softmax · 107

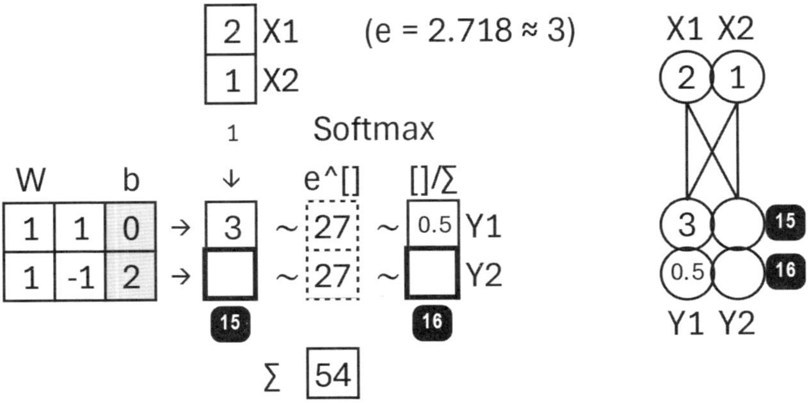

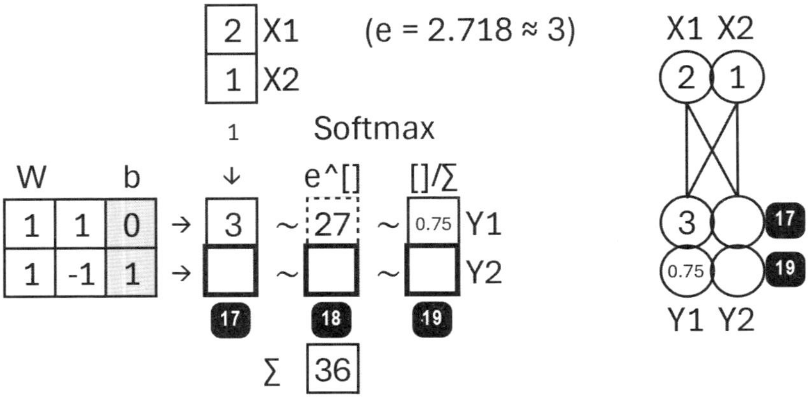

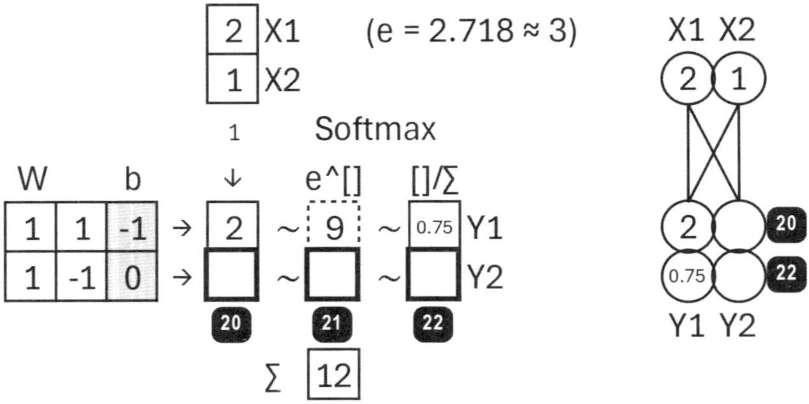

108 · Softmax

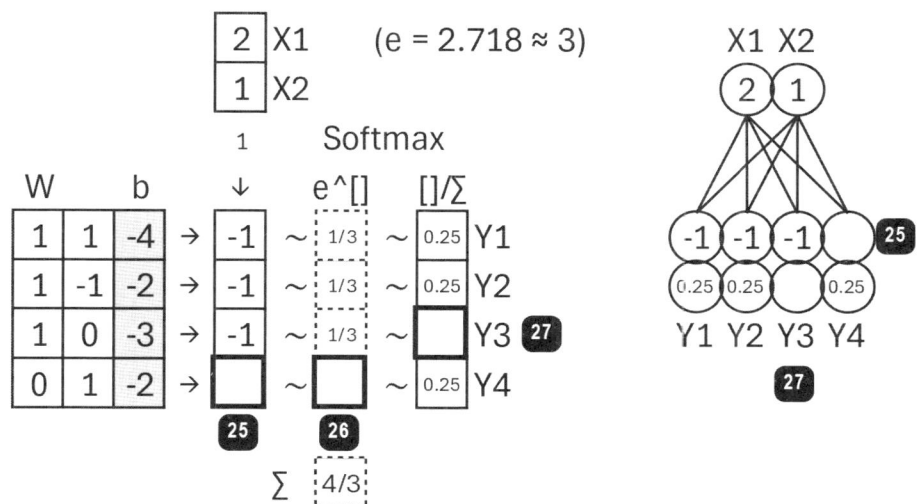

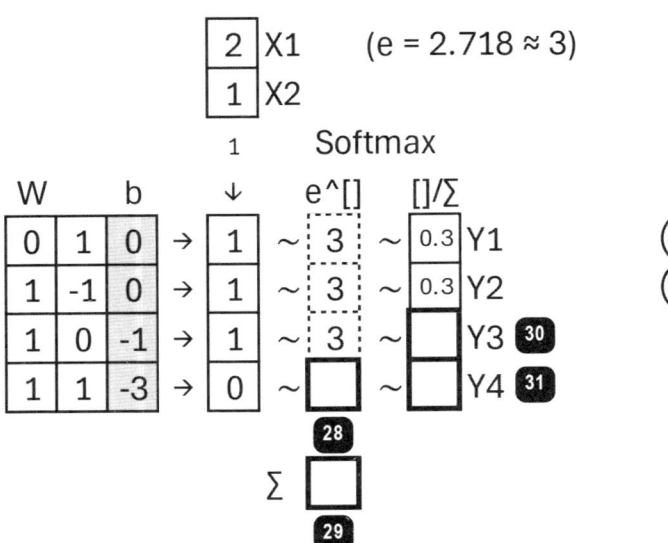
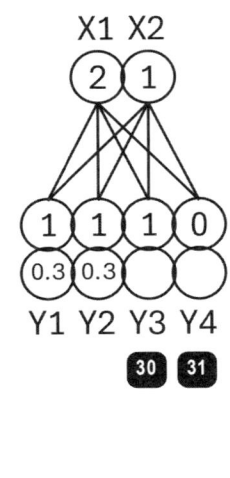
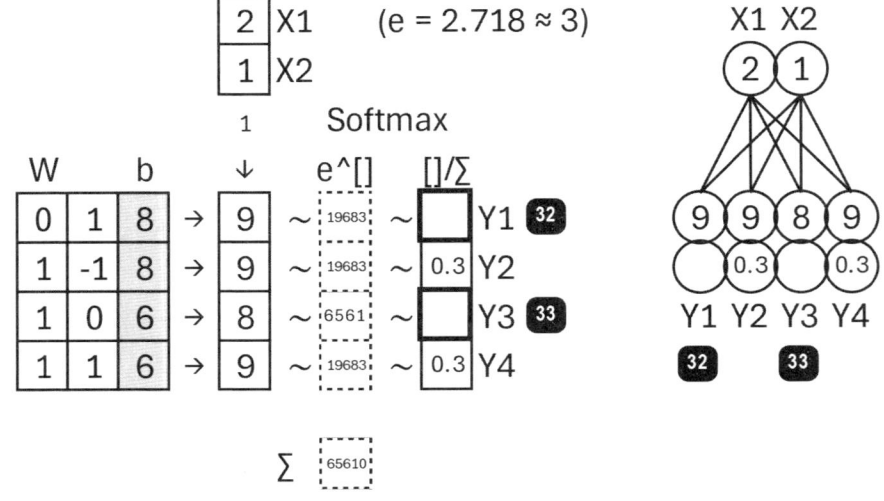

110 · Softmax

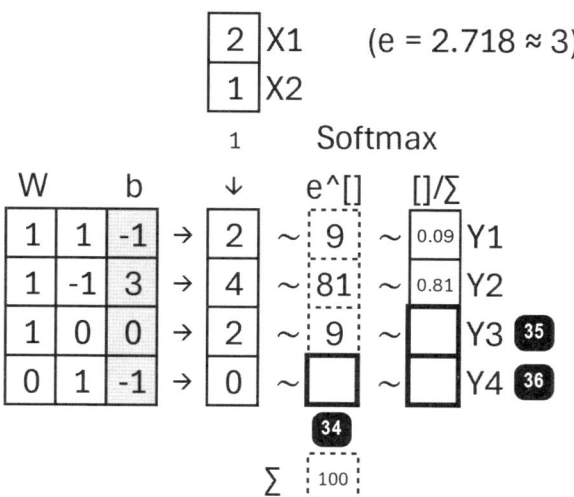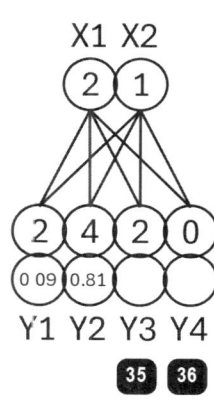

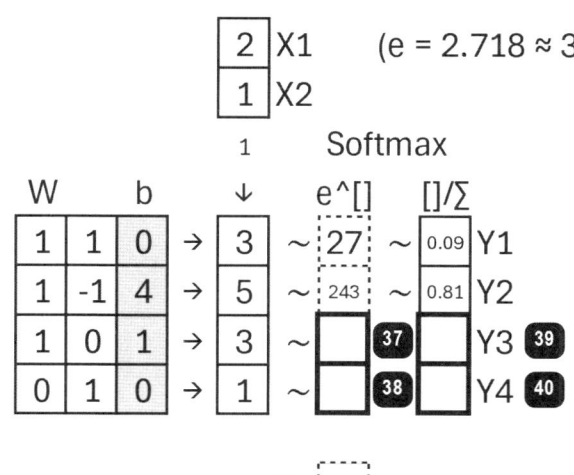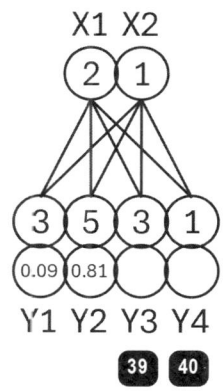

34	35	36	37	38	39	40
1	0.09	0.01	27	3	0.09	0.01

Softmax · 111

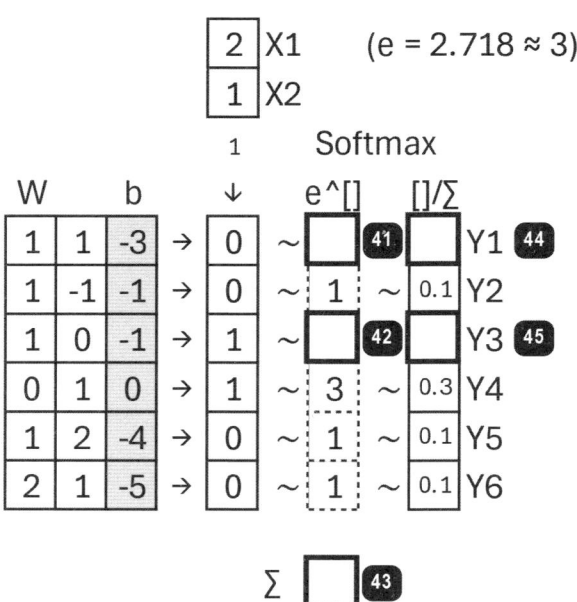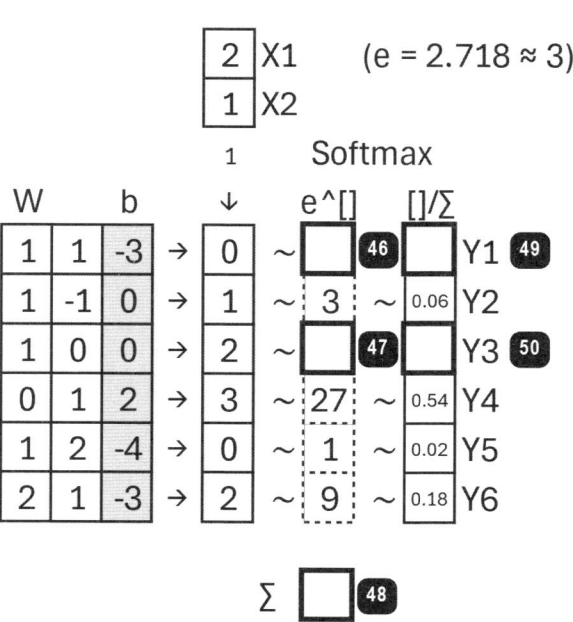

Chapter 12
Gradient
(기울기)

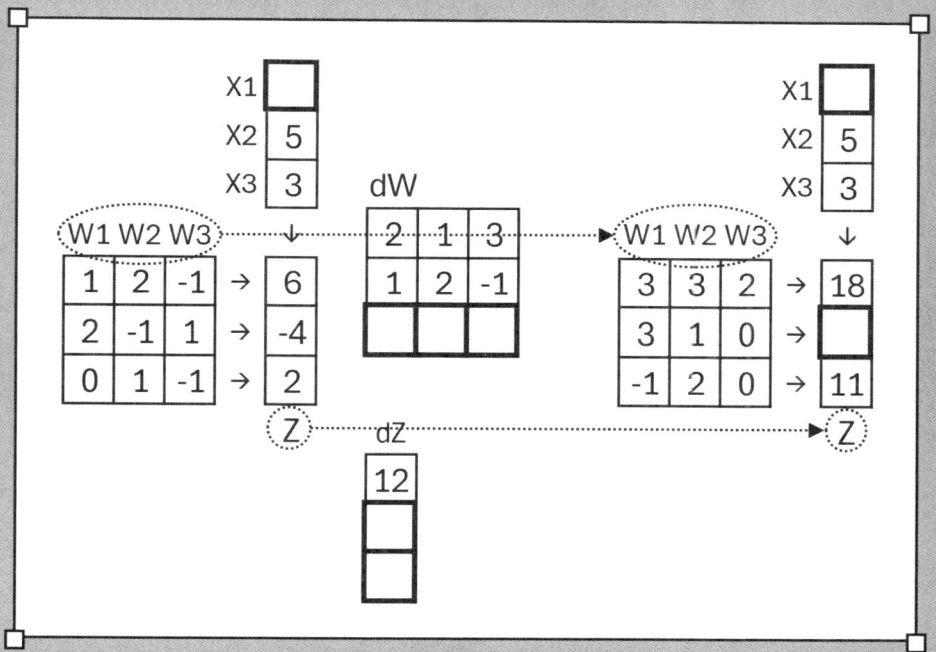

함수가 어느 방향으로 얼마나 빠르게 증가/감소하는지 나타내는 벡터를 의미하는 것으로, 딥러닝에서는 주로 손실 함수를 최소화하기 위한 정보로 사용한다. 단일 변수 함수의 경우 Gradient는 도함수가 되고, 다변수 함수의 경우 Gradient는 모든 변수에 대한 편미분을 모은 벡터가 된다. 즉, Gradient란 손실을 줄이기 위해 파라미터를 얼마나 어느 방향으로 바꾸어야 할지 알려주는 벡터라고 이해하면 쉽다. Linear Layer, Hidden 등 어디서든 같은 원리로 계산된다.

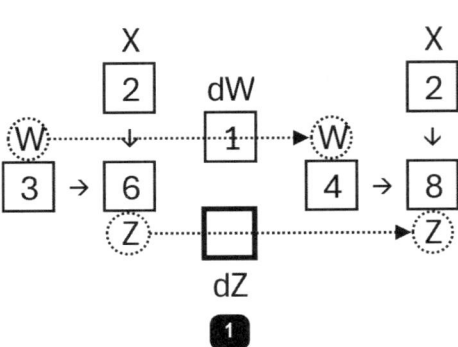
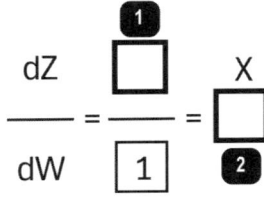
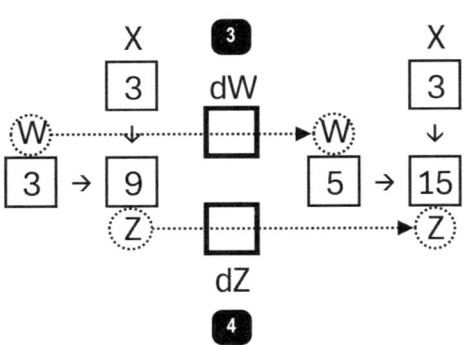
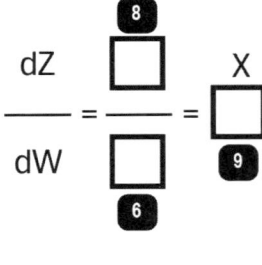
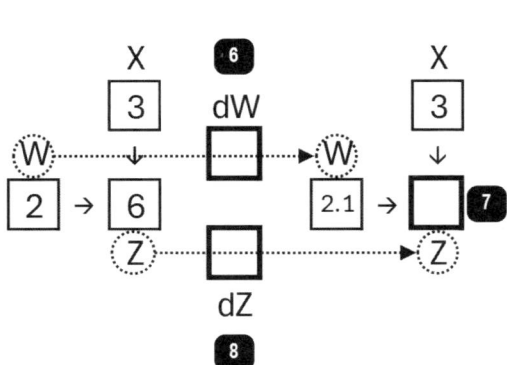

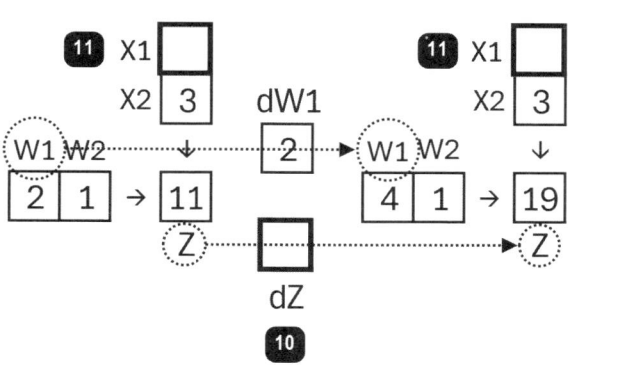
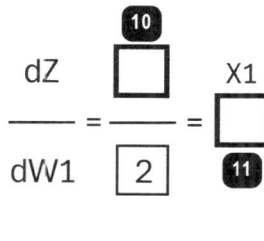
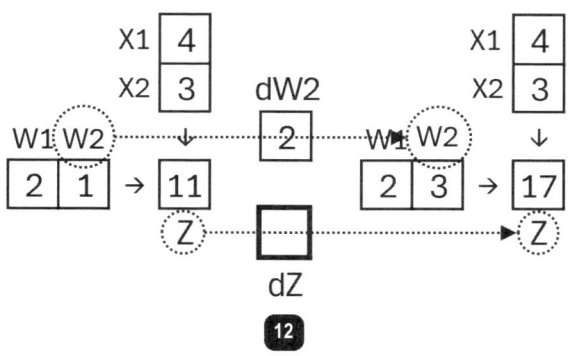
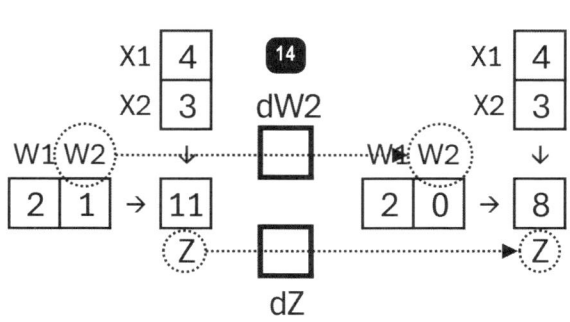
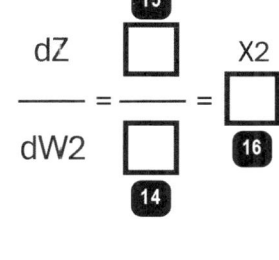

Gradient · 115

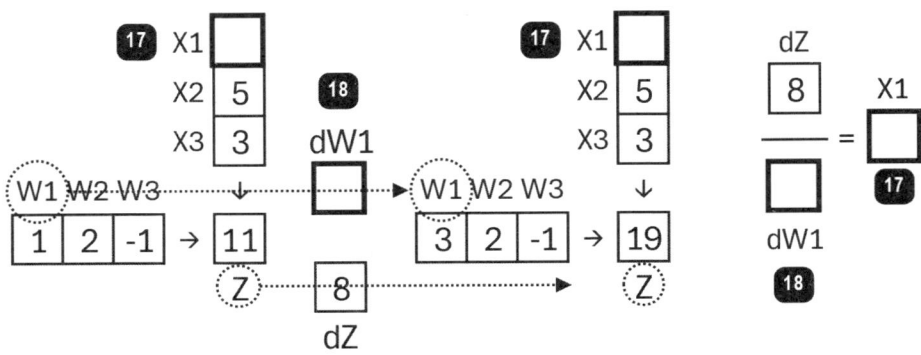

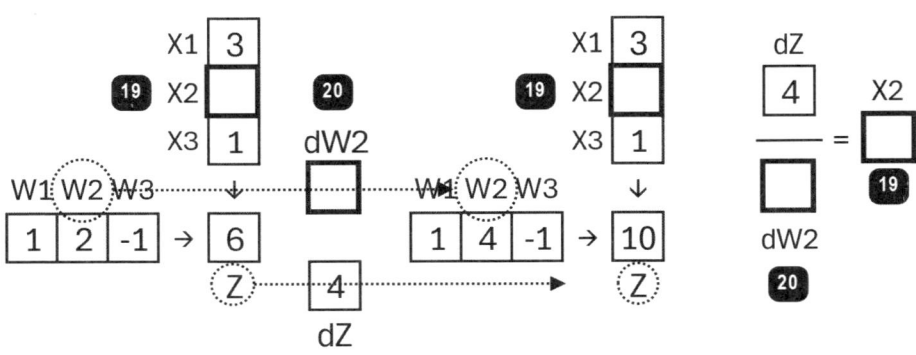

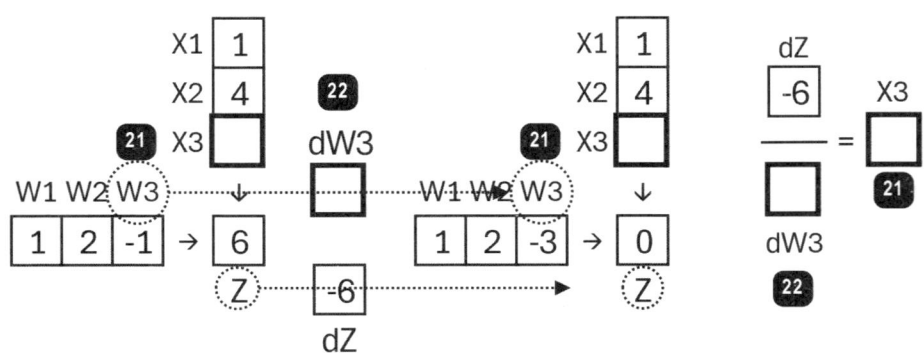

116 · Gradient

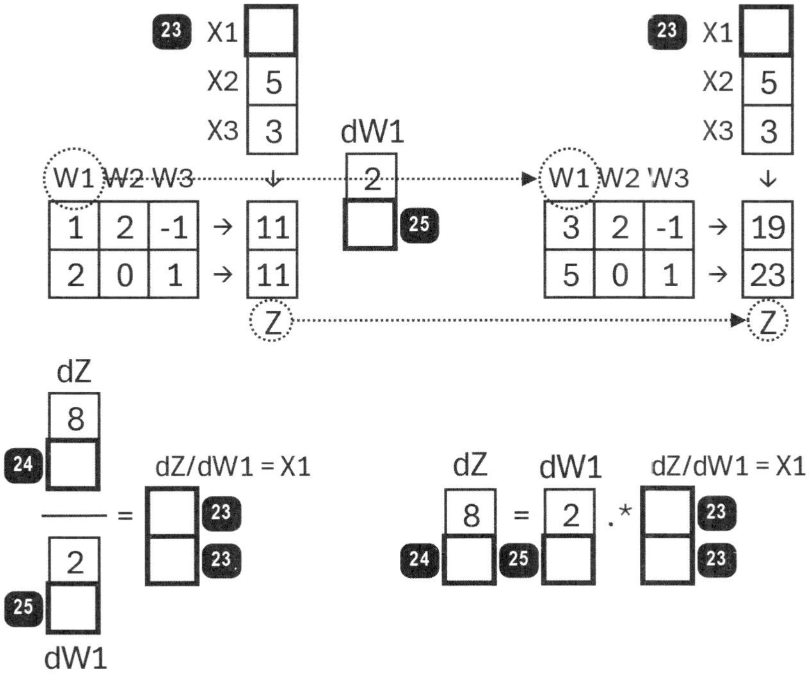

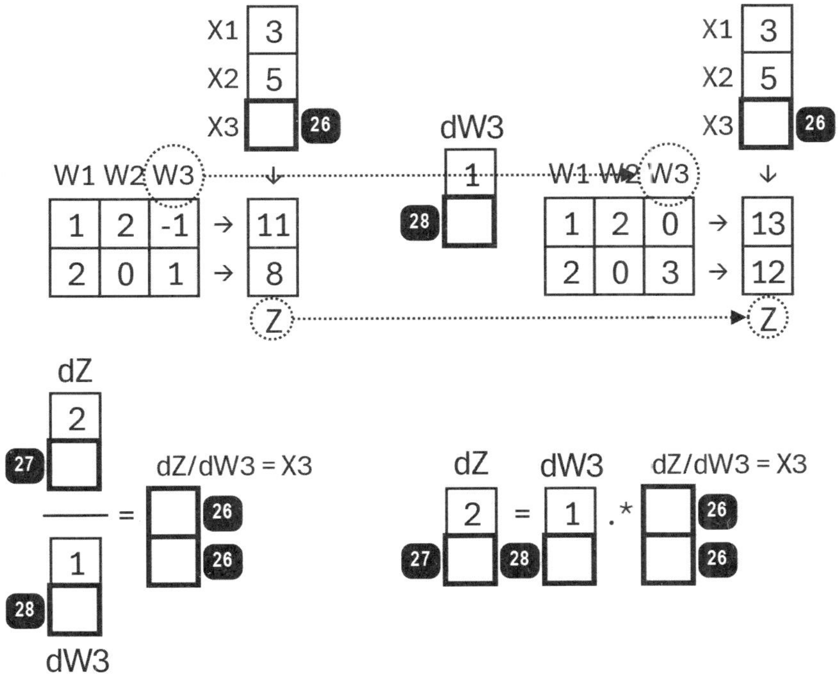

Gradient · 117

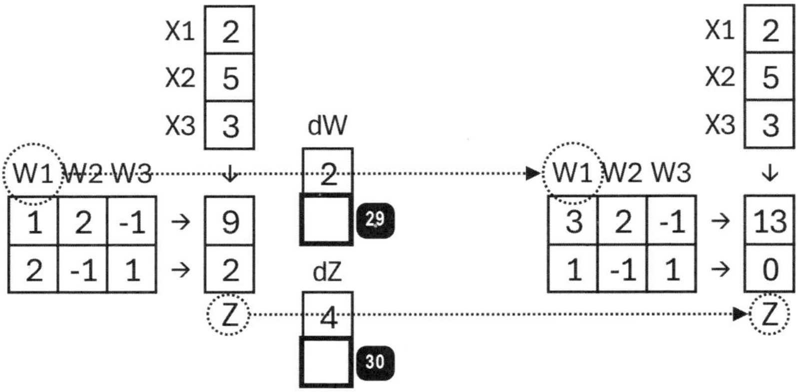

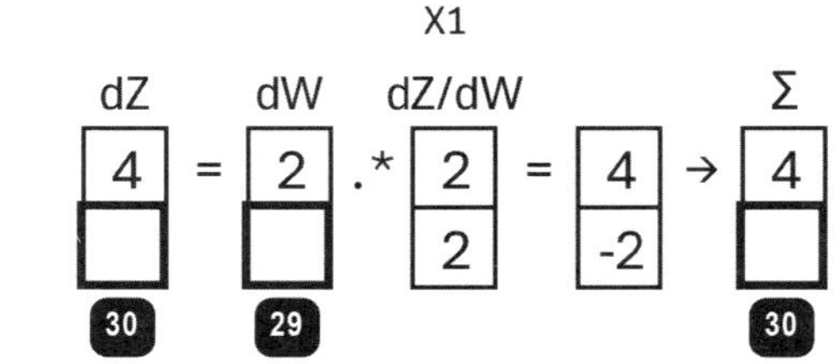

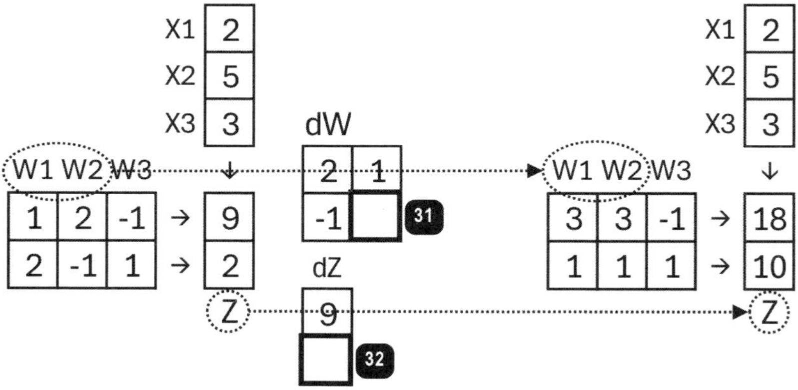

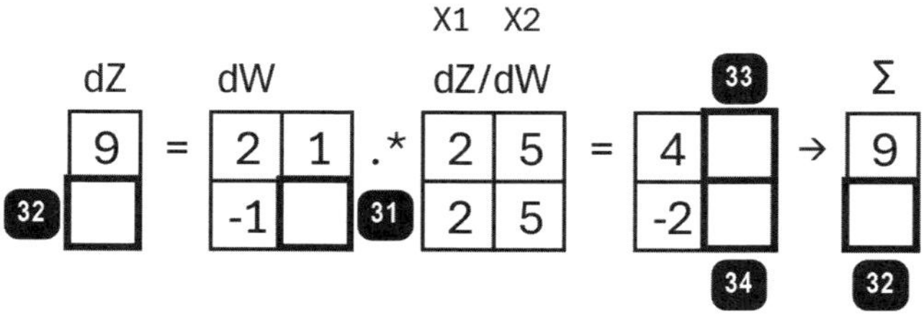

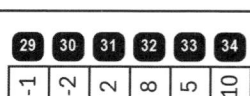

118 · Gradient

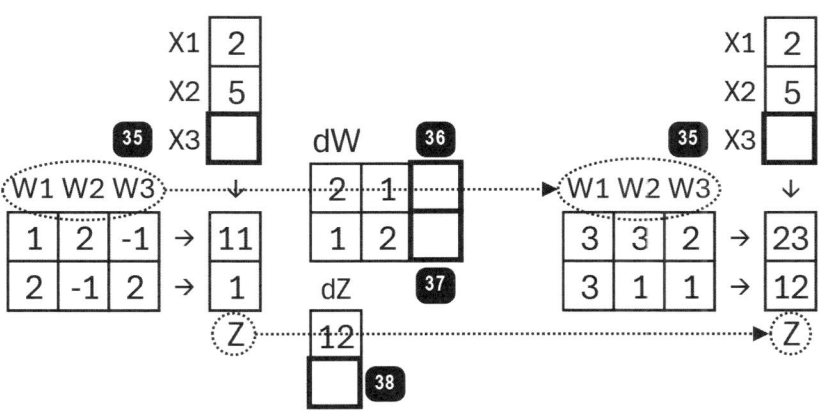

Gradient · 119

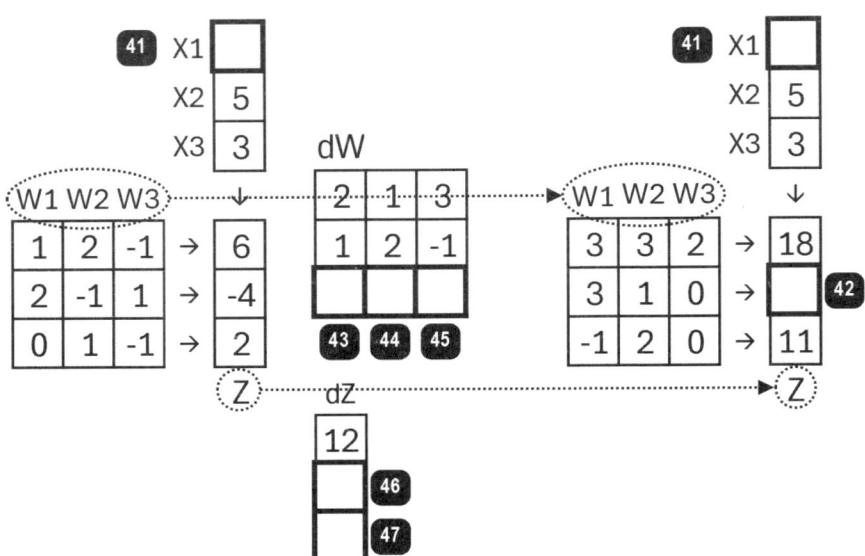
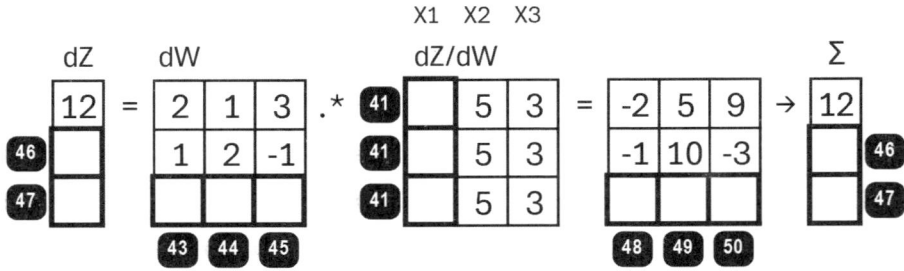
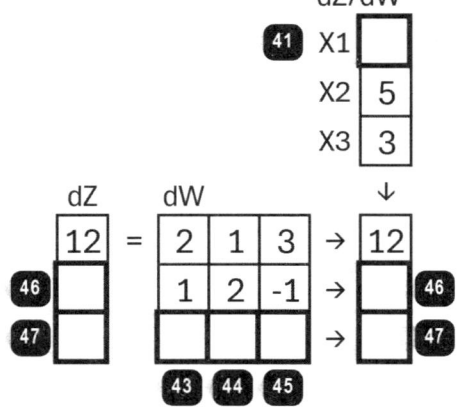